Jürgen Kaube (Hrsg.)

*Die Illusion der Exzellenz*

Jürgen Kaube (Hrsg.)

# Die Illusion der Exzellenz

## Lebenslügen der Wissenschaftspolitik

Verlag Klaus Wagenbach Berlin

Wagenbachs Taschenbuch 604
Originalausgabe

**Politik bei Wagenbach** wird von Patrizia Nanz herausgegeben.


Wir danken den Autoren für die freundliche Überlassung der Abdruckrechte.
Umschlaggestaltung/Reihenkonzept: Julie August, Berlin. Gesetzt aus der Meridien und der Imago. Vorsatzpapier von peyer graphic gmbh, Leonberg. Gedruckt und gebunden bei Pustet, Regensburg. Printed in Germany. 

ISBN: 978 3 8031 2604 7

Inhalt

Jürgen Kaube

## Vorwort: Die falsche Reform

Dieser Staat ruiniert seine Universitäten. Aber er ruiniert sie nicht so, wie in der Geschichte der Staat die Universitäten – und andere freiheitsbedürftige Institutionen – oft ruiniert hat: indem er an ihnen machtvoll seine politischen, ideologischen, sachfremden Interessen durchsetzt. Der gegenwärtige Staat ruiniert seine Universitäten vielmehr durch Desinteresse. Doch das Desinteresse äußert sich nicht in der Abwendung des Staates von den Universitäten. Ruinös ist das staatliche, das hochschulpolitische Desinteresse der Gegenwart vor allem dadurch, dass es die Gestalt von Reformen angenommen hat.

Die deutschen Universitäten sind im vergangenen Jahrzehnt einer einzigen riesigen Dauerreform unterzogen worden, deren Ende nicht abzusehen ist. Bewegt ist diese Reform jedoch nicht von einer klaren Analyse jener Probleme, die Universitäten heute haben, motiviert ist sie nicht von institutioneller Phantasie und jenem Realismus, der auf Kenntnis des zu Reformierenden beruht oder gar auf einer Zuneigung zu einem Gebilde, dem man, individuell wie kollektiv, etwas verdankt und das zu pflegen für einen modernen Staat eine ebenso lohnende wie ehrenwerte Aufgabe wäre. Bestimmt ist die Reform vielmehr von Einfallslosigkeit, von primitiven Vorstellungen darüber, was Forschung und Lehre sind, von einer abergläubischen Einstellung zu Kennziffern – Studierquoten, Studiendauern, Abschlusszahlen, Drittmittelsummen – und schließlich von einer völligen Indifferenz gegenüber widersprüchlichen, weil undurchdachten Zielsetzungen des Reformierens.

Die Universitäten sollen beispielsweise inklusiv und exklusiv zugleich sein, Schulen für die Hälfte eines Jahrganges und Exzellenzuniversitäten, Orte des sozialen Massenaufstiegs durch Bildung und Orte strikter Leistungsorientierung, Stätten der Berufsausbildung und Stätten jenes kognitiven Überbietungsverhaltens um seiner selbst willen, das man Wissenschaft nennt.

Wie jeweils beides gleichzeitig gehen soll, dazu schweigt die Hochschulpolitik. Sie setzt voraus, dass es irgendwie geht und verlegt sich auf Erfolgsbehauptungen. Die können darin bestehen, dass man Universitäten im Verfahren einer Exzellenzinitiative zu Spitzenuniversitäten ernennt. Dazu müssen die betreffenden Hochschulen – und eine ganze Reihe anderer, im Wettbewerb später unterlegener – jahrelang einen Großteil ihrer Kräfte dem Anträgeschreiben und Entwerfen von Exzellenzaussichten widmen, also von Forschung und Lehre abziehen, ohne ihre besten Kräfte im Erfolgsfall dorthin zurücklenken zu können. Denn gerade die ernannte Exzellenz darf dann zusätzliche Jahre damit verbringen, die ihr nun zufließenden Mittel auszugeben, Personal einzustellen, Gebäude für das Personal zu suchen, Doktoranden zu finden und Dankesschulden gegenüber Gutachtern wie Mitstreitern abzutragen. Dass andernorts – im unbekannten Amerika etwa – alle Spitzenuniversitäten sich nicht zuletzt dadurch auszeichnen, nur wenige, dafür stark leistungsorientierte Studierende zu unterrichten, das hat hierzulande keine Modellwirkung. Was niemand kann, Exzellenz für viele, das können wir. Natürlich können wir es nicht, aber wir können es behaupten. Offiziell läuft also alles gut, vor allem wenn man Minister und Hochschulrektoren oder die ihnen verbundene Publizistik fragt. Nebenbei aber teilen beste Forscherinnen und Forscher von Konstanz bis Göttingen mit, seit dem Exzellenzbescheid vor anderthalb Jahren aus Zeitmangel praktisch keinen wissenschaftlichen Aufsatz mehr gelesen zu haben.

So etwas hätte man mit nur ein bisschen Phantasie, Kenntnis und Realismus voraussehen können.

Nehmen wir die Studienreform, die als »Bologna-Prozess« durchgeführt wird. Sie soll der Masse jener Studenten gerecht werden, die es an der Universität nicht auf Wissenschaft und Forschung abgesehen haben. Dagegen ist nichts zu sagen, auch wenn die Frage offenbleibt, ob die Universität der Ausbildungsort für diejenigen sein sollte und zu sein vermag, die mit Wissenschaft kaum etwas anfangen können. Doch wie reagiert die Hochschulpolitik auf den Befund, dass die meisten Studierenden einen Beruf außerhalb der Wissenschaft anstreben? Indem sie festlegt, sie müssten nicht so lange studieren. Indem sie die Fächer dazu anhält, jeden Schritt, den die Studenten machen, stundenweise vorauszuplanen. Indem sie den Hochschulen durch finanzielle Anreize nahelegt, jeden, der sich eingeschrieben hat, nach Absolvierung dieser Schritte mit einem Zertifikat auszustatten. (Auch dafür gibt es eine Erfolgsmeldung: Die Durchschnittsnote an deutschen Universitäten beträgt inzwischen 1,8.) Und indem sie schließlich Studiengänge erzwingt, die nicht allgemeine Bildung, also allgemeine Berufsbefähigung ins Auge fassen, sondern Teilbereiche von Teilbereichen. Infolge des Bologna-Prozesses studiert man in Deutschland mancherorts heute im Bachelor-Studiengang anstatt Geschichte »Moderne Geschichte« (in Darmstadt) oder »Mittelalterliche Geschichte« (in Bamberg), anstatt Griechisch »Kultur der Antike« (in Gießen) und anstatt Chemie »Wasser« (in Duisburg), anstatt Biologie »Genomforschung« (in Bielefeld) und anstatt Englisch »Language, Text and Information« (in Münster).

Was jedoch soll ein Biologe sein, der nach dem Abitur in die Genomforschung anstatt in die Biologie eingeführt wird, was ein Historiker, der sich von Beginn an nur in der Antike, und zwar vorzugsweise in ihrer kulturellen Dimension auskennt? Oder anders gefragt: Wie kommt es, dass in einer Welt, die angeblich so ungeheuer dynamisch ist, dass sich in ihr die Berufsbilder und Qualifikationsprofile dauernd ändern, die Hochschulpolitik Reformen vorantreibt, die auf eine fortschreitende Spezialisierung der Studiengänge hinauslaufen? Nach sechs Semestern, so die anfängliche Vorstellung der Bologna-Reform, sollen die Studierenden berufsqualifiziert sein. Dies bezieht sich auf Studierende, die demnächst alle nur noch acht Jahre auf dem Gymnasium waren, die nebenher jobben, die nicht mehr fünf oder zehn oder zwanzig Prozent eines Jahrganges repräsentieren, sondern gut dreißig und demnächst geplanterweise vierzig Prozent, ohne dass dem auch nur entfernt eine Zunahme der Bildungsausgaben entspräche. Immer mehr Studenten in immer kürzerer Zeit zu konstanten Kosten bei gleichzeitiger Intensivierung der Forschungs- oder jedenfalls Forschungsantragstätigkeit des Lehrpersonals? Vielleicht ist es noch zu freundlich, diese Art von Logik als Ausdruck eines Desinteresses an der Sache zu beschreiben.

Die Reformen, denen die europäischen Universitäten derzeit unterzogen werden, zeugen von dieser Ignoranz. Dass die Wissenschaft schwierig und insofern nicht beliebig vermehrbar ist, wollen sie so wenig wahrhaben wie den Zeitbedarf jeder Bildung. So stellt man sich den erfolgreichen Studenten als jemanden vor, der in kurzer Zeit an mehreren Orten studiert hat, ohne dabei die Frage zu berühren, an welcher Stelle in solchen imaginierten Karriereverläufen eigentlich Freiheit, beispielsweise gegenüber Tempovorgaben, vorgesehen ist. Auch das Bestreben, den Geistes- und Sozialwissenschaften die Forschungsformen der Natur- und Ingenieurswissenschaften zu empfehlen, gehört zu diesem schwach ausgeprägten Gefühl für Unterschiede und Zielkonflikte: Was soll eine forcierte, um nicht zu sagen ausschließliche Orientierung an »Drittmitteln« für kooperative Großprojekte, was soll sie Gutes in Disziplinen bewirken, deren beste Resultate seit Menschengedenken in Büchern und Aufsätzen einzelner Autoren bestehen, die keinerlei wirtschaftliches Interesse haben? Oder nehmen wir ein ganz marginales Exempel: Wenn die Verschulung der ersten sechs bis acht Semester als Königsweg eines Studiums empfohlen wird, welche Auswirkungen wird das auf jene Studenten haben, die vieles von dem, was ihnen nun in der Abfolge eines Systems von Kursen abverlangt wird, ohnehin schon können? Man muss blind sein, um nicht zu sehen, dass die Ausstattung immer größerer Anteile eines Jahrgangs mit Hochschulzertifikaten und die Förderung von Begabung nicht mit denselben Maßnahmen zu erreichen sind.

Die Exzellenzinitiative und die Bologna-Reform sind nur zwei Beispiele von vielen für die Art, in der heute die Universitäten politisch umgestaltet werden. Die folgenden Aufsätze von Wissenschaftlern aus ganz verschiedenen Disziplinen (von der Betriebswirtschaftslehre über die Physik und Biologie bis zur Soziologie) und ganz verschiedenen Hochschulen (von Bielefeld, Konstanz, Freiburg und München bis zu Luzern und Zürich) fragen danach, wozu das führt, warum es so gekommen ist, welche Illusionen sich die Wissenschafts- und Hochschulpolitik macht und welche Möglichkeiten sie dadurch verschenkt. Sie handeln von der sogenannten Modularisierung des Studiums, also von dem, was oft als »Verschulung« bezeichnet wird und besser seine Bürokratisierung genannt würde (Wolfgang Eßbach). Sie beschreiben die Dimensionen, die in der Formel »Einheit von Forschung und Lehre« stecken, von der die einen behaupten, sie werde durch die Reformen zerstört, und die anderen, sie werde von den Reformen gestärkt (André Kieserling). Gefragt wird nach den rechtlichen Voraussetzungen der hochschulpolitischen Steuerung von Wissenschaft und Lehre (Christoph Möllers) und nach den ökonomischen Aspekten der ständigen Evaluation von Forschung als Mittel, ihre Leistungen zu bewerten (Margit Osterloh und Bruno S. Frey). Was die Bürokratisierung der Wissenschaft in der Wissenschaft bewirkt, wenn Qualität nur noch nach abstrakten und absurden Kennziffern bemessen wird, gehört ebenso zum Befund imaginierter Exzellenz (Ulrich Schollwöck) wie der *Brain-Drain*, das Abwandern von Forschern, teils ins Ausland, teils weg aus der Forschung, als Reaktion auf eine verfehlte Wissenschaftspolitik (Axel Meyer). Und schließlich soll auch nach Vergleichsgesichtspunkten gesucht werden, um die hiesige Reform ins Verhältnis zu ihren angeblichen Idealen, den besten Universitäten in anderen Ländern, etwa in den Vereinigten Staaten (Rudolf Stichweh) zu setzen.

Bei alldem ist eines zu unterstreichen: Dies ist keine Klage über den politisch herbeigeführten Zerfall einer dermaleinst intakten Institution. Die deutschen Universitäten waren nicht in einem vorbildlichen Zustand, als unter Titeln wie »Bologna-Prozess«, »Exzellenzinitiative« oder »Neue Steuerungsmodelle für Hochschulen« jene Reformen einsetzten, deren Folgen in diesem Band analysiert werden sollen. Es ist nötig, das vorauszuschicken. Zieht doch jede grundsätzliche Kritik an diesen Reformen sich leicht den Vorwurf zu, die Vergangenheit zu verklären. Demgegenüber nimmt keiner der hier versammelten Beiträge an, bis in die achtziger und neunziger Jahre hinein sei die deutsche Universität durch ein glückliches Verhältnis von Forschung und Lehre gekennzeichnet gewesen, durch Studierende und Wissenschaftler, die von beidem freien Gebrauch gemacht hatten, durch eine angemessene Ausstattung und durch eine maßvolle Bürokratisierung ihrer Entscheidungsabläufe. Es wäre erkennbar verlogen, die jüngsten Entwicklungen der Universität als Abschied von Humboldt zu beschreiben.

Die Ausgangslage der Hochschulreformen, die Ende des vergangenen Jahrhunderts einsetzten, war vielmehr durch drei Tatbestände fern aller Idealität idealistischer Universitätsentwürfe charakterisiert:

– durch (1) ein erhebliches Wachstum der Studentenzahlen seit der Mitte der sechziger Jahre, das mit langen Studiendauern und in manchen Studiengängen geradezu spektakulären Abbrecherquoten einherging;
– durch (2) ein ebensolches Wachstum der Forschungsaktivitäten, einen daraus abgeleiteten Finanzbedarf und den Versuch, ihn durch Verfahren der Konkurrenz um Fördermittel zu kanalisieren;
– und durch (3) ein im Zeichen ihrer Demokratisierung erfolgtes Anwachsen der universitären Selbstverwaltung.

In allen drei Fällen waren die Ursachen gewollt, aber nicht die Wirkungen. Man wollte und will bis heute höhere Bildung für alle, hielt aber lange Zeit an einer Universität fest, die in der Erziehung zur wissenschaftlichen Karriere ihre eigentliche Aufgabe erkannte. Das führte zu der eigentümlichen Lage, dass das Gros der Studenten sich von der Universität und ihrer Lehre nicht angesprochen fühlte. Man bejahte das Größenwachstum der Forschung und die sich daraus ergebende Spezialisierung, begann aber zunehmend sowohl an der entsprechenden Intransparenz des Betriebs wie an dem Aufwand zu leiden, der nötig war, ihn dann noch über Anträge, Begutachtungen und formalisierte Bewertungsverfahren zu kontrollieren. Schließlich schätzte man an Universitäten die Beteiligung aller Betroffenen am Entscheidungsprozess, aber nicht den Zeit- und Nervenverzehr, der sich daraus zwingend ergibt, weil eine solche Beteiligung nur kommissionsförmig durchgesetzt werden kann, sie noch die nebensächlichsten Entscheidungen politisiert und Universitätsmitglieder besonders befähigt und sie durch ein fehlendes Empfinden von Zeitdruck auch dazu disponiert sind, im Vorfeld von Entscheidungen umfassende Begründungsdiskurse zu führen.

Die falsche Reform, um einen ebenso knappen wie treffenden Aufsatztitel von Wolfgang Eßbach aufzunehmen, hat an all diesen Problemen nichts geändert. Teils weil die Wissenschaftspolitik sie gar nicht sieht, teils weil sowohl die Probleme wie die vermeintlichen Lösungen von ihr nur abstrakt, in Gestalt von Zahlen und Absichtserklärungen wahrgenommen werden. Deren Wirklichkeit bleibt aber der Politik ebenso fremd wie jener Reformklasse, die sich inzwischen als eigener Faktor des Wissenschafts- und Bildungssystems etabliert hat. Wie es schon länger für die Schulen gilt, so findet inzwischen auch an den Universitäten ein Reformestablishment in jeder existierenden Struktur den Anlass zur stetigen Selbstbeschäftigung. Alles, was festgelegt wird, kann, nach einer Beschreibung von Niklas Luhmann, von den Planungseliten sofort als reformbedürftig reproblematisiert werden.

Den Schaden der Reform und ihrer Illusionen haben die Studierenden so sehr wie die Wissenschaft. Es stellt sich die Frage, wie unter den Umständen der Reform wissenschaftlicher Nachwuchs und ganz allgemein gesellschaftliche Intelligenz gesichert werden kann. Keine politische Rede der Gegenwart, in der nicht die gesellschaftliche Bedeutung von Bildung und Wissenschaft unterstrichen würde. Zumeist wird dabei der »Standort« erwähnt, man denkt also an die Grundlagen regionaler Prosperität dank technischer Innovationskraft. Oder es werden Probleme wie die der Energieversorgung, des Klimawandels, der Bekämpfung von Krankheiten und der Umgang mit der höheren Lebenserwartung angesprochen, mit denen modern umzugehen wissenschaftliche Erkenntnisgewinne voraussetzt. Doch auch diesseits von erwünschten Spitzenleistungen der Forschung ist der Beitrag der Wissenschaft zum gesellschaftlichen Leben offenkundig. Wessen Perspektive auf dieses Leben sich nicht gerade darin erschöpft, seinen Mitbürgern politische Ideologien, schlechte Nahrungsmittel, bunte Illustrierte oder zweifelhafte Kapitalanlagen andrehen zu wollen, der wird eine intelligente Bürgerschaft einer ungebildeten vorziehen. Das allerdings ist ein Gesichtspunkt, der in politischen Erklärungen zur Wissenschaftspolitik selten vorkommt. Gewiss ist Wissenschaft nicht das alleinige Maß solcher Bildung. Aber die Richter, Ärzte und Ingenieure, die meisten Journalisten, Politiker und Kaufleute durchlaufen Hochschulen. Und weil es auch die Lehrer tun, wirkt sich der Zustand der wissenschaftlichen Bildung in einem Land auch diesseits seiner Wirtschaftskraft auf seine gesamte Bevölkerung aus. Damit wird der Zustand der Wissenschaft zu einer politischen und, wenn man so will: zu einer staatsbürgerlichen Frage.

Wolfgang Eßbach

# Jenseits der Fassade
## Die deutsche Bachelor-/Master-Reform

### *Die Reform*

Die Mehrheit der deutschen Hochschullehrer in den geistes- und sozialwissenschaftlichen Fächern hat der Einführung der gestuften Studiengänge teils optimistisch, teils widerwillig, teils ahnungslos zugestimmt. Es war ja schon jahrelange Praxis gewesen, in die Studienkommissionen, die in den siebziger Jahren eingerichtet wurden, nur Prüfungsordnungs-*Maniacs* zu schicken. Sollte die Einführung von Bachelor- (BA) und Master-(MA)Studiengängen etwas anderes sein als das, was man als dauerreformierte Rahmenrichtlinien, Fakultätsstudienordnungen et cetera für Diplom- und Magisterverfahren schon sattsam kannte, und sollte es nicht möglich sein wie bisher, die wahren, guten und schönen Inhalte des Fachs in Tüten mit neuen Beschriftungen zu stecken? Konnte überhaupt eine auch landesgesetzlich festgelegte Studienorganisation den Kernbereich der Freiheit von Forschung und Lehre berühren? Welcher Dekan, Rektor oder Minister würde es je wagen, einem deutschen Professor vorzuschreiben, welche Fragen, Thesen, Beispiele aus seinem Fach er im Seminar oder in der Vorlesung mit Studierenden behandelt? Man musste nur darauf achten, die Details der Studienordnungen nicht zu genau zu spezifizieren, um spätere Selbstfesselungen zu vermeiden.

Immer schon war klar, dass das Studium mit Einführungsveranstaltungen begann, worauf Proseminare zu verschiedenen Themen folgten, nach der Zwischenprüfung gab es vertiefende Hauptseminare, die aus verschiedenen Gebieten des Faches stammten, je nach den vorhandenen Arbeitsgebieten der Lehrstuhlinhaber oder Institutsangehörigen. Für die, die durch besonders gute Leistungen aufgefallen waren, gab es dann noch das Oberseminar oder Forschungskolloquium. Wer viele Examenskandidaten hatte, bot für diese ein eigenes Kolloquium an. Begleitet wurde dies vom *basso continuo* der großen Vorlesungen. Es gab je nach Fachtradition einige Sequenzialisierungen im Programm: Für Statistik II musste man Statistik I bestanden haben, und für die Teilnahme an »Thomas Manns Romane III« war »erwünscht«, auch in den zwei vorausgehenden Semestern an den Thomas-Mann-Seminaren teilgenommen zu haben.

Dass man nun statt des herkömmlichen Notensystems Punkte vergeben sollte, erschien den meisten zunächst nicht als Katastrophe. Es hat zwar einige Lernzeit gebraucht, bis jeder deutsche Professor verstanden hatte, dass im *European-Credit-Transfer-System* ECTS-Punkte keine Noten abbilden, sondern den *Workload*, also den Arbeitsaufwand eines Studierenden. Einen ECTS-Punkt gibt es für 25 Stunden Studiertätigkeit, die sich aus »Kontaktzeit«, das heißt dem Besuch von Lehrveranstaltungen, und der Zeit fürs Selbststudium zusammensetzt. Dies für alle Lehrveranstaltungen des Studienganges auszurechnen überließ man fleißigen Mitarbeitern.

Es bestand bei vielen Hochschullehrern somit kein ernsthafter Grund, sich dem Bologna-Prozess zu verweigern, zumal überall versichert wurde, der Zug sei schon abgefahren. Auch waren die Universitäten seit Jahren in der Kritik, und nicht zuletzt dies schmiedete die Koalition eifriger Bologna-Fans mit denen, die meinten, man müsse wenigstens so tun, als ob man etwas gegen die »Misere der Universitäten« unternehme. Zudem war der Reformnachweis eine Voraussetzung geworden, um in den Genuss von Sonderfördermitteln zu kommen, mit denen die Landesregierungen, auf die Begehrlichkeit der Professoren spekulierend, irgendwelche Regulierungen vornehmen wollten. Die Bologna-Ziele (Mobilität der Studierenden, Strukturierung des Studiums, Berufsbefähigung) fanden denn auch breite Zustimmung, obwohl der Ankunftsort völlig unbekannt war. So kann man sagen, die Mehrheit der deutschen Professoren ist in den Bologna-Prozess hineingeschlittert.

Erste Unruhe entstand, als im Gespräch mit Kollegen der Verdacht aufkam, man könne den Bachelor im eigenen Fach vielleicht gar nicht anbieten, weil die vorhandene Lehrkapazität nicht für die ECTS-Punkte ausreichen würde, die ein Standard-

Bachelor erforderte, oder dass die Lehrkapazität nur für einen Bachelor-Studiengang, aber dann nicht mehr für einen Master-Studiengang genügen würde. Die personell schwach besetzten Fächer begannen untereinander Überlebenskoalitionen zu bilden, während die besser ausgestatteten Fächer in ihrem Fach gleich mehrere BAs anbieten konnten. Wer genau hinsieht, stellt fest: Die Entstehung der schönen bunten Welt der Bachelor-Angebote in Deutschland verdankt sich in der Haupttendenz weniger ausgereiften Ideen für das Studium und fachlich begründeter Strukturierungen als vielmehr der Angst vor Stellenstreichungen, sei es als Schließung BA-untauglicher Fächer oder als Einsparung BA-überflüssiger Professuren. Diese Angst musste man haben, da die Professorendemokratie in den Fakultäten mehr und mehr zugunsten der Diktatur der Universitätsspitze abgebaut wurde.

Auf drei wahrscheinliche Folgen dieses Prozesses soll im Folgenden aufmerksam gemacht werden: Das Schrumpfen disziplinärer Ansprüche, die Demoralisierung des Studierverhaltens und die Befestigung ungleicher Bildungschancen.

### *Erste Reformfolge: Das Schrumpfen disziplinärer Ansprüche*

Die langfristig böseste Wirkung des Bologna-Prozesses könnte in der Erosion dessen bestehen, was man in der Wissenschaft ein Fach nennt. Zu den wichtigsten Aufgaben von Professoren gehört seit je, zu definieren, was man wissen und können muss, um ein Fach zu beherrschen. Veraltetes Wissen muss aussortiert, neue Erkenntnisse müssen integriert werden. Dies ist eine Daueraufgabe. Die Fächergrenzen sind nie festgelegt gewesen, aber die Verabschiedung eines veränderten Fachinhalts ging in der Regel mit dem Aufbau neuer Inhalte einher, und zwar ganz unabhängig von der Frage, wie groß der sogenannte gesellschaftliche Bedarf an diesem Inhalt war. Stellenstreichungsängste, verbunden mit den ECTS-basierten Kapazitätsverpflichtungen, haben in den letzten Jahren an zahlreichen Standorten den immer schwierig gewesenen Ausgleich zwischen fachwissenschaftlich unabdingbarem Wissen und dem Berufsprofil eines Abschlusses zerstört. Standorte, an denen man noch ein Fach in einem Umfang von acht bis zehn Semestern studieren kann, sind für etliche Wissensgebiete flächendeckend abgebaut.

Warum hat sich eine Mehrheit der Hochschullehrer überhaupt darauf einlassen können? Auffällig ist, dass die gestuften Studiengänge auf breiter Linie zunächst in den geisteswissenschaftlichen Fächern durchgesetzt werden konnten, deren Grenzziehung von vielen Hochschullehrern schon länger als modernisierungsbedürftig betrachtet wurde. Die nationalphilologischen Facheinheiten von Literatur- und Sprachwissenschaft, von älterer und neuerer Abteilung oder die Facheinheit der Geschichtswissenschaft von der Urgeschichte bis zur Zeitgeschichte, die Kunstgeschichte vom griechischen Tempelbau bis zur zeitgenössischen Installationskunst, die Orientalistik in der Spannweite der Kenntnis ältester Schrifturkunden und moderner Landeskunde – solche Fachidentitäten waren schon für den wissenschaftlichen Nachwuchs in all ihren Dimensionen kaum zu erreichen, geschweige denn für Studierende des Fachs. In solchen Situationen, die wissenschaftsgeschichtlich periodisch wiederkehren, gibt es nur zwei Auswege: Die Etablierung von kleinteiligeren Spezialfächern oder die Interdisziplinarität. Letztere wurde zum Zauberwort für die Erlösung aus den als unzureichend empfundenen Fachzuschnitten. Über die Fächergrenzen hinaus konnte sich die Internationale der kreativen Außenseiter interdisziplinär formieren und ihre alten Fachgenossen mit neuen Vokabularien in Erstaunen versetzen. Dabei herrschte bei allen Einigkeit darüber, dass Interdisziplinarität nur Sinn macht, wenn die Teilnehmer wenigstens eine Disziplin grundlegend und nach aktuellem Forschungsstand beherrschten. Aber wie sollte man den Jungbrunnen der Interdisziplinarität in einem Studiengang festhalten? Interdisziplinarität konnte der Sache nach immer nur der zweite Schritt nach dem ersten sein: dem Erwerb disziplinären Wissens.

Der Bologna-Prozess hat in dieser Situation grob gesagt zwei unterschiedliche Reaktionen bei den deutschen Hochschullehrern provoziert. Die eine Fraktion sah in den gestuften Studiengängen eine Chance, endlich frei vom Ballast alter Fachtraditionen neue Bündelungen diverser Fachinhalte zu einem BA oder einem Master zu mixen, dem man einen schicken, werbewirksamen Namen geben konnte. Auf diese Weise ließen sich auch die aus Stellenstreichungsangst gebildeten Koalitionen übertünchen und als innovativ darstellen. Die andere Fraktion versuchte, im neuen System vom Fach zu retten, was zu retten ist. So entstand die Bandbreite des deutschen Bachelor: Am einen Ende ein vollgepacktes Hauptfachkurzstudium mit einem Mininebenfach garniert mit sogenannten *soft skills*, andererseits eine ortsabhängige Zufallskombination als Cocktail diverser Fachelemente, Profil genannt. Welcher BA für welchen MA qualifizieren soll, das liegt bis heute im tiefen Dunkel, denn die Master-Studiengänge sind nach demselben Muster gestrickt. In manchen Universitäten soll sich in der Master-Phase endlich die Tiefe eines Fachs wahrhaft erschließen, für andere handelt es sich um Zusatzausbildungen für wenige Spezialisten, oder es wird eine themenzentrierte schicke Interdisziplinarität angeboten. Mit dem idealisierten Vorbild Amerika jedenfalls hatte der deutsche Bachelor nur den Namen gemein, handelte es sich dort doch beim Bachelor-Studium meistens um ein verpflichtendes allgemeinbildendes vierjähriges Grundstudium, eine Art erweiterte Oberstufe des Gymnasiums mit einer Bandbreite wählbarer Fachrichtungen. Der amerikanische Arbeitskräftemarkt ist auf diese Absolventen eingestellt, und niemand würde hier die Erwartung hegen, dass es sich um einen berufsqualifizierenden Abschluss handelte.

Solange noch hinreichend Hochschullehrer vorhanden sind, die eine disziplinäre Formung aus dem alten System mitbringen, wird man die Erosionen der Disziplinen gar nicht merken. In Ländern, die wie Großbritannien bereits in den achtziger Jahren ihren Bologna-Prozess begonnen haben, wächst heute die Sorge, den Hochschullehrerbedarf nicht mehr mit Absolventen der eigenen Hochschulen decken zu können. Sie nehmen unter anderem gern deutsche Wissenschaftler, weil das einphasige, unmodularisierte Studiensystem immer noch qualifizierteste promotionsfähige Absolventen entlässt, die ihr Fach beherrschen. Ahnungslose deutsche Politiker feiern die internationale Zusammensetzung angelsächsischer Fakultäten. Wenn man bedenkt, wie viel die Ausbildung von Wissenschaftlern den Staat kostet, dann ist es deutlich billiger, anderswo ausgebildete fertige Wissenschaftler zu importieren, als selbst welche heranzuziehen. Das *Outsourcing* der Ausbildungskosten im internationalen Maßstab beginnt gerade erst.

Den angestrebten Studienabschluss mit möglichst guten Noten in der Urkunde zu erreichen, ist in jedem System eines der Studiermotive, neben dem Nimbus, den das Studentsein und das studentische Leben für sich genommen mit sich führen. Im alten System kam alles auf das Abschlussexamen an. Die Examensphase war ein etwa einjähriges Sonderreich am Ende des Studiums. Alles wurde jetzt ganz anders, nahm bisweilen auch bedrohliche Züge an. Es handelte sich um einen Übergangsritus, der zitternd durchlebt wurde. Gleich wie die Noten aussahen, der Mensch selber war nach dem Examen ein anderer geworden. Die Benotungen, die man im Laufe des Studiums erhalten hatte, waren in der Regel nur Signale, die anzeigten, wie gut oder schlecht die Leistung war. Sie sollten anspornen oder beruhigen, sie sollten helfen, sich im Leistungsspektrum der Mitstudierenden einzuordnen, aber sie gingen nicht in die Examensnote ein. Das Studierverhalten richtete sich darauf ein. Es war möglich, Themen auszuprobieren und Fehler zu machen, ein Semester zur Regeneration des seelischen Gleichgewichts zu verbummeln, ins Ausland zu gehen und mit viel Erfahrung und leeren Händen zurückzukommen – all dies hat niemandem die Chance verbaut, mit exzellenten Noten die Universität zu verlassen. Die Verantwortung für die Planung des von Fach zu Fach verschiedenen, aber doch maßvoll regulierten Studiums lag in den Händen der Studierenden. Fristen konnten in freier Absprache mit den Lehrenden ausgehandelt werden. Die Mischung von Strenge und Milde in der pädagogischen Kunst professoraler Studienberatung wies eine beträchtliche Bandbreite von entspanntem *Laisser-faire* bis zur Bemutterung auf.

In diesem System haben viele Studierende ihr Studium abgebrochen. Über die Gründe ist viel gerätselt worden, da die Schwundziffern nirgendwo erkennen ließen, ob ein gezählter »Abbrecher« nur das Studienfach oder die Universität gewechselt und anderswo weiterstudiert oder ob er tatsächlich generell sein Studium vorzeitig beendet hatte. Die »Abbrecherquote« wurde zum Politikum. Man vermutete, dass es zwei Abbrechertypen gebe: Einmal diejenigen, die sich nur zum Schein immatrikuliert oder zurückgemeldet hatten, eigentlich noch gar nicht wussten, ob sie überhaupt studieren wollten, die aber die Statusvorteile von Studierenden (Krankenkasse, Regioticket, Studierendenausweis etc.) mitnehmen wollten. Zum anderen vermutete man, dass manch einer mit der Aufgabe eines selbstverantwortlichen Studierverhaltens überfordert sei. Als man in Baden-Württemberg den »Scheinstudierenden« mit der Einführung von Langzeitstudiengebühren zu Leibe gerückt war, konnte man im Folgesemester feststellen, in welchen Fächern die Schwundquoten am höchsten waren. Da man sich scheute, das bequeme Klischee anzutasten, wonach sich gerade in den Geisteswissenschaften die »Scheinstudenten« häuften, wurde nicht kommuniziert, dass in den Naturwissenschaften der Rückgang der Einschreibungen am höchsten war. Dabei waren die »Scheinstudenten« nie ein reales Problem für die Universität. Sie gingen nicht in Lehrveranstaltungen, nicht in Bibliotheken, sie ließen sich nicht prüfen. Sie blieben nominell Studierende, bis eine Berufseinmündung klappte, woraus sich erklärt, dass die Arbeitslosigkeit dieser »Abbrecher« relativ gering war. Lieber ein Jahr länger an der Uni eingeschrieben sein als arbeitslos.

Der überforderte Studienabbrecher wurde zum Leitbild der Studienreform, die mit der Modularisierung des Studiums ihren Höhepunkt erreicht hat. Nach dem Prinzip »fordern und fördern«, das die neue Sozialpolitik propagiert, ist das Universitätsstudium zur Rennstrecke mit idiotensicheren Marschbefehlen geworden. Jedes Semester schließt jetzt mit Examina, jede Note geht ins Endzeugnis ein. Die Abschlussprüfungen am Ende des Studiums sind Ornament geworden. Da ist nicht mehr viel zu retten, wenn man im ersten Jahr nicht richtig funktioniert hat. Die Hausarbeiten im studienbegleitenden Prüfungssystem gehen jetzt in Akten ein, die die Studierenden erst zurückbekommen, wenn die Frist für einen Widerspruch gegen die Note abgelaufen ist. Wer eine Lehrveranstaltung bucht, muss sie bis zum Semesterende besuchen, auch dann, wenn man dem blumigen Vorlesungskommentar des Professors geglaubt hat, der schon in der ersten Sitzung nicht hält, was er verspricht. Wer nicht kommt, ist sowieso durchgefallen. Es gibt eine zweite Chance. Aber wenn dann die Leistung nicht erbracht wird, ist das Studium dieses Fachs zu Ende. Mit ärztlichen Attesten kann man noch Zeit gewinnen und Prüfungsansprüche aufrechterhalten.

Die Attestfluten vor Klausuren ließen sich vielleicht durch Einforderung amtsärztlicher Bescheinigungen eindämmen, aber gesund wird das neue Studiensystem dadurch nicht. Die Plagiatsrate ist nur dort niedrig, wo kein Geld für teure Software und Fahndungsspezialisten vorhanden ist. Im alten System musste man Plagiate nur bei Abschlussarbeiten fürchten. Jetzt fällt jedes Semester eine erhebliche Menge von Texten an, deren Noten in die Examensnote eingehen. Daher entwickelt sich im deutschen BA die Tendenz, anspruchsvolle aufwendige Hausarbeiten zu Mini-Essays herunterzukürzen und den freien schriftlichen Ausdruck gegen *Multiple-Choice*-Klausuren einzutauschen. Damit steigen die Anteile von Bulimie-Lernenden. Freilich, wer sein Studium von den Eltern finanziert bekommt und nicht nebenher arbeiten muss, wird das alles schaffen können. Wer aus ärmerem Elternhaus stammt und nebenher Geld verdienen muss, wird öfter scheitern.

Ganz unabhängig von sozialer Herkunft zerstört die Modularisierung den Aufbau von Lern- und Bildungsbiographien, die Entfaltung von Interessen und die Bindung an wissenschaftliche Fragestellungen. Wer bei einer Sache Feuer gefangen hat, hat keine Chance, bei ihr zu bleiben. Jedes Modul ist eine selbstreferentielle, in sich abgeschlossene Lehreinheit. Dieser Begriff entstammt bezeichnenderweise dem Maschinenbau. Seminare, das waren ursprünglich dem Wortsinne nach Pflanzstätten, in denen Intelligenz wachsen konnte. Nur ein Minimum an Seminaren war für die Meldung zum Examen vorgeschrieben. Man konnte auch mehr Seminare besuchen und stellte sich sein Semesterprogramm eigenverantwortlich zusammen. Im Modulsystem kommt es, aufgrund der prüfungsrechtlich bedingten Überregelungen, zu zwar angebotenen, aber faktisch unstudierbaren Kombinationen immer dann, wenn zwei verschiedene Pflichtveranstaltungen zeitgleich angeboten werden. Das Nebenfach, das man im ersten Semester noch studieren kann, wird modulbedingt im zweiten Semester unbelegbar. Wer etwas nachdenkt, weiß, dass konsequente Verschulung des Studiums auch heißt, dass den Professoren die Veranstaltungszeiten zentral zugewiesen werden müssen und dass sie bei der gegebenen mangelhaften Personal- und Raumausstattung damit zu rechnen haben, auch 22 bis 24 Uhr oder 4 bis 6 Uhr lehren zu müssen, damit Kollisionen vermieden werden können. Studierende, die dennoch in terminliche Bedrängnis geraten, protestieren selten, da Gefahr besteht, dass sie ein Semester verlieren. Denn im Bachelor-System ist es nicht so leicht möglich, schnell eine prüfungsrechtlich äquivalente Ersatzveranstaltung für Kollisionsfälle anzubieten. Also tut man sich zu zweit oder zu dritt zusammen und besucht alternierend vierzehntägig die zeitgleichen wöchentlichen Pflichtveranstaltungen und der Professor drückt die Augen zu. Die Note zählt trotzdem fürs Examen. Dabei wäre allen mehr geholfen, wenn die Studierenden die Universität verklagten und ihre Studiengebühren zurückverlangten.

Man kennt das notentaktische Lernverhalten von Schülern der Oberstufe des Gymnasiums. Es werden Fächer nur gewählt, um den Schnitt der Abiturnote zu verbessern, obwohl man sich für die Sache nicht sonderlich interessiert. Exakt diese Mentalität, die abzubauen in den ersten Semestern an Universitäten immer viel pädagogische Energie gekostet hat, wird nun alternativlos für drei weitere BA-Jahre auf erweiterter Stufenleiter gefordert und gefördert. Die Zufriedenheit der Studierenden mit dem neuen System sinkt seit 2001 kontinuierlich.

### *Dritte Reformfolge: Befestigung ungleicher Bildungschancen*

Es wurde selten bemerkt, dass im Sortiment der Plastikworte wie Mobilität, Internationalität, Flexibilität, Praxisbezug, mit dem für den Bologna-Prozess geworben wurde, der Abbau ungleicher Bildungschancen kaum Erwähnung fand. Was bei der Einführung von Studiengebühren heftig diskutiert wurde, die abschreckende Wirkung für Studierende aus Unterschichtenfamilien, spielte in der Bologna-Debatte keine Rolle.[1] Dabei ist evident, dass jede bildungs- oder hochschulpolitische Entscheidung diese Frage berührt.

Dass ein katholisches Bauernmädchen die Chance erhalten sollte, Professorin zu werden, war eines der Ziele der Expansion des tertiären Sektors, die schon vor 1968 mit einer beispiellosen Welle der Neugründung von Universitäten begonnen hatte und bis in die siebziger Jahre hinein fortgesetzt wurde. Dabei kam es zwar auch zu einem gewissen Ausbau von Fachhochschulen, aber in der Haupttendenz ging es um immer mehr Studienplätze an Universitäten. Diese Fixierung ging so weit, dass sogar funktionsfähige kleine Fachhochschulen oder Pädagogische Hochschulen zu Gesamthochschulen fusioniert wurden. Mit dem Ideal der Gleichstellung aller Einrichtungen im tertiären Sektor sollte die Forderung nach Gleichheit der Bildungschancen sinnfällig unterstützt werden. Gekrönt wurde diese Entwicklung 1977 durch den Beschluss von Bund, Ländern und Rektorenkonferenz, trotz unerträglicher Forschungs-, Lehr- und Studienbedingungen die Universitäten nicht zu schließen, sondern offenzuhalten.

Die politisch gewollte Steigerung der Studienanfänger allein in den achtziger Jahren um 70 Prozent bei einer Vermehrung von Professorenstellen um 7 Prozent führte zur Anomie der Massenuniversität in Deutschland. Die Mehrheit der Professoren hat diese verantwortungslose Überfüllungspolitik, die Verwahrlosung der Universität, den Abbau von Leistungskontrollen, das Durchwinken bei Zwischenprüfungen, das Absenken des Niveaus mitgetragen. Warum? Es war nicht nur die konstitutionelle Feigheit deutscher Professoren, irgendjemandem eine rote Karte zu zeigen, nicht nur ein Desinteresse an der Veränderung der Lehre und Lehrformen. Die deutschen Professoren hatten die Hoffnung, dass bei solcher Überfüllung die Regierung sich erbarmen und Gelder für die Universitäten bereitstellen würde. Es handelte sich um eine katastrophale strategische Illusion. Man muss ergänzend bedenken, dass die Professoren nach dem Bundesverfassungsgerichtsurteil von 1974 in den Fakultäten eine unüberstimmbare Mehrheitsposition innehatten. Die darbenden Studierenden und die darbenden Assistenten blieben ohne Macht in den Gremien. Sie saßen auch in vielen Fächern ohne die verantwortlichen Professoren allein in den überfüllten Seminaren im Grundstudium. Jeder inneruniversitäre Reformmechanismus wurde infolge der Unüberstimmbarkeit der Professoren ausgebremst.[2]

Welche Folgen hat diese Entwicklung für die Bildungsbeteiligung bei Unterschichtenkindern gehabt? Im Zeitraum von 1982 bis 2000 hatte sich der Anteil von Studierenden aus Oberschichten von 31 Prozent auf 33 Prozent leicht erhöht, während die Tendenz bei anderen sozialen Schichten rückläufig war

(Mittelschichten von 34 auf 28 Prozent, Unterschichten von 23 auf 13 Prozent).[3] Man kann es nicht oft genug wiederholen: Die Egalisierung des tertiären Sektors führte nicht zum Abbau ungleicher Bildungschancen. Die Mehrheit der Hochschullehrer und Hochschulpolitiker verweigerte sich der Einsicht, dass sozialer Aufstieg durch Bildung mühsam ist und wirksam am ehesten dort gefördert werden kann, wo er überwiegend stattfindet, nämlich an den Fachhochschulen und Berufsakademien. Seit Jahrzehnten bevorzugen »Bildungsaufsteiger« mehr die Fachhochschulen als die Universitäten.[4] Wer ungleiche Bildungschancen langfristig effektiv abbauen will, der täte gut daran, den tertiären Sektor auszudifferenzieren und vor allem einen breiten Grundstock an Fachhochschulen bereitzustellen, auch für Medienkompetenz, Organisation, Kulturarbeit, Rechtspflege, Gesundheit. Dazu bedarf es politischer Kraft und den Mut, die Gleichstellungsambitionen der Lehrenden an Fachhochschulen ebenso zu frustrieren wie den Geiz der Universitätsprofessoren, die seit Jahren nicht bereit sind, zugunsten des Ausbaus von Fachhochschulen auf Geld für Universitäten zu verzichten. Dennoch, auch für den tertiären Sektor gilt seit den sechziger Jahren: Wachstum ohne Differenzierung ist pathologisch. Wer darin nur eine böse Hierarchisierung sieht, verwechselt Statusinteressen von Hochschullehrern mit den Bildungsinteressen von Unterschichten.

Ein Teil der Kritiker der Einführung des Bachelor-Studiums an Universitäten hat nun bemängelt, dass damit das Studium an Universitäten auf das Niveau von Fachhochschulen abgesenkt werde. Davon kann keine Rede sein. Denn was einem Universitätsstudenten im BA an Stoff vermittelt wird, unterbietet in vielen Fächern das, was er an einer Fachhochschule erhält. Denn dort existieren langjährige Erfahrungen mit dezidiert praxisbezogenen Studiengängen. Auch an vielen Berufsakademien gibt es funktionierende Kooperationen mit Einrichtungen außerhalb der Hochschule. Professoren an Universitäten sind, was diese Ausbildungsfunktionen betrifft, miserable Laienschauspieler. Sie sind nicht dafür berufen worden und würden – ließen sie sich ernsthaft auf das deutsche BA-Konzept ein – ihrer Kernaufgabe einer an Forschung orientierten Lehre nicht mehr nachkommen können. Die Idee, Lehrprofessuren für die BA-Studierenden an

Universitäten einzuführen, bedeutet in dieser Hinsicht eine hochschulpolitische Kapitulation vor der notwendigen institutionellen Differenzierung der Hochschultypen in Deutschland.

Mit der nun fast vollendeten flächendeckenden Einführung der BAs in etlichen Fächern als berufsbefähigende Universitätsabschlüsse werden die Strukturen weiter befestigt, in denen sich die Ungleichheit der Bildungschancen im tertiären Sektor reproduzierte. Wer als »Bildungsaufsteiger« Mut hatte und etwa im Bereich Mediengestaltung, Organisation, Sozialwesen oder Modedesign an einer Fachhochschule studieren wollte, aber keinen Studienplatz bekam, eben weil es zu wenig Plätze an Fachhochschulen gibt, der kann natürlich theoretisch im Fach Philosophie oder Germanistik noch einen Studienplatz an einer Universität ergattern und dort von einem frustrierten Lehrprofessor zum Uni-BA getrieben werden. Aber die Wahrscheinlichkeit, dass er dort abbricht und seine Bildungsambitionen überhaupt aufgibt, ist sehr hoch. 2008 waren 50 Prozent der universitären Studiengänge zulassungsfrei, gegenüber nur 35 Prozent der Studiengänge an Fachhochschulen.[5] Der Wechsel von leistungsstarken und motivierten Fachhochschulabsolventen mit Promotionsabsicht an die Universität bereitet bekanntlich in keinem Bundesland besondere Schwierigkeiten, er wird teilweise auch finanziell gefördert.

Inzwischen pfeifen es die Spatzen von den Dächern: Der Bologna-Prozess ist in Deutschland gescheitert, wenn man die Resultate an den propagierten Zielen misst. Die Mobilität der Studierenden sinkt, das nur noch prüfungsorientierte Lernen hat sich verstärkt, die Abbrecherquoten sind höher als im alten System, und von einem berufsbefähigenden Bachelor kann keine Rede sein. Die Zahl derjenigen nimmt zu, die bekennen: Das haben wir nicht gewollt. Auch die Visionäre des Bertelsmann Konzerns, in dessen Hände Politiker und Rektoren das Schicksal der deutschen Universitäten in den neunziger Jahren gelegt haben, werden auf den Boden der Realität zurückkommen müssen.

André Kieserling

## **Die Wirklichkeit der Humboldt-Rhetorik** oder **Was soll aus den Studenten werden?**

*I.*

Das Konzept der sogenannten Humboldt-Universität besteht darin, dass man etwas, wovon niemand bestreiten kann, dass es in der Universität vorkommt, nämlich die Ausbildung von wissenschaftlichem Nachwuchs, zum Modell für die Universität im Ganzen erklärt. Im Vertrauen auf den Bildungswert aktiv betriebener Wissenschaft soll es, dieser Vorstellung zufolge, genügen, die Lehre einfach als Einübung in wissenschaftliches Arbeiten anzulegen. Das sei nicht nur zur Ausbildung für die künftigen Wissenschaftler geeignet, sondern auch eine gesamtgesellschaftlich adäquate Erziehung für alle anderen. Engere und berufsnäher gefasste Kriterien dieser Adäquatheit, etwa solche der Wirtschaft oder der öffentlichen Verwaltung, pflegte man unter solchen Vorzeichen souverän zu ignorieren. Dieser Theorie entspricht auf der Ebene der Organisation die Doppelrolle des Professors sowie ein einheitlich undifferenzierter Abschluss, der all seinen Absolventen diejenigen Fähigkeiten bescheinigt, die man von einem Nachwuchswissenschaftler verlangen kann. Zwar fangen die weitaus meisten der »wissenschaftlichen Abschlussarbeiten«, die wir dieser Ordnung der Dinge verdanken, in den Institutsbibliotheken nur Staub. Aber auch für die Ebene der Interaktion, für die Seminare und Übungen also, wird an dieser Einheit von Lehre und Nachwuchsausbildung festgehalten, zumindest in offiziellen Verlautbarungen.

Die aktuelle, unter dem Titel »Bologna-Prozess« laufende Reform wollte diese Einheit dem Master-Studium vorbehalten. Der Bachelor sollte in der Themenwahl, wenn nicht auf einen spezifischen Ausbildungsbedarf, so doch auf allgemeine Berufsqualifikationen abzielen. Im Stil der Behandlung von Themen sollte er mehr auf die Erträge der Wissenschaft als auf ihre Erzeugungsregeln, mehr auf bewährte Erkenntnis als auf Methodenkritik eingestellt sein. Die jüngere Geschichte einer zunehmend selbstkritisch interpretierten Universitätsidee gestattet es nicht, in solchen Ambitionen einfach nur einen Frevel an Humboldt zu rügen.

Wäre politisch nur dieser Abschied von Humboldt angestrebt worden, dann hätte man darüber reden können. Der erste Fehler bestand aber darin, die Reform im Augenblick des bevorstehenden Generationenwechsels zu starten. Ihr Gegenüber an den Universitäten war aufgrund des Alters entweder schon zur hochschulpolitischen Indifferenz herangereift oder noch mit der eigenen Stellensuche beschäftigt. Die Hochschulmitarbeiter und Professoren kamen damit als Gesprächspartner für Hochschulreformen nicht in Betracht. Stattdessen überließ man sich den Anregungen der Lyrikwerkstatt zu Gütersloh, dem »Zentrum für Hochschulentwicklung«. Dort wiederum hatte man sich, in langen Jahren der politischen Resonanzlosigkeit, auf die Erzeugung einer in hohem Maße autonomen Literatur spezialisiert, die jede Ähnlichkeit mit den Realitäten des universitären Alltags zu vermeiden wusste. Schon unter ihren Anhängern galten die entsprechenden Texte als hermetisch, und gerade bei den großen Gesängen über *Workload* und *Creditpoints* hat man mit Recht gefragt, ob die spröde Schönheit dieser opaken Gebilde sich nicht womöglich nur sehr großen und sehr professionell besetzten Bürokratien erschließt.

Als diese Lyrik dann gleichsam über Nacht in den Rang des geltenden Rechts aufgestiegen war, anzuwenden auf Universitäten, erwies sich die Wahrheit dieser Vermutung. Das bürokratische Laienspiel der akademischen Selbstverwaltung zeigte sich jedenfalls überfordert. Um die entsprechenden Zwangsvorstellungen umzusetzen, wurde die Arbeitskraft gutbezahlter Wissenschaftler monatelang stillgelegt. Als einzig greifbares Ergebnis zeichnet sich heute ab, dass niemand mehr, die arglosen Studenten nicht und die angewiderten Professoren erst recht nicht, die Studienordnungen versteht.

Außerdem ist der Reformbewegung das Kunststück gelungen, ausgerechnet durch die flächendeckende Institutionalisierung einer bürokratischen Einheitssprache dafür zu sorgen, dass die verschiedenen Universitäten zu untereinander unverständlichen Gebilden werden, zwischen denen es studentische Mobilität kaum noch geben kann. Schon innerhalb einzelner Länder, um vom sagenhaften Europa gar nicht zu reden, zeichnet sich heute ein Zustand ab, in dem die Hochschulverwaltungen das Desperanto ihrer eigenen Zertifikate nicht länger verstehen.

Die genuin bürokratische Idee, neue Studiengänge noch vor ihrer Einführung zu akkreditieren, also noch ehe man sie am vollen Durchlauf einer Kohorte hat ausprobieren können, immobilisiert inzwischen auch eindeutige Fehlentscheidungen, da man sie im laufenden Prozess nicht mehr korrigieren kann, ohne weitere Akkreditierungen auszulösen. Der Anteil an Rechtsverstößen nimmt zu, während das studienbegleitende Prüfen zur Folge hat, dass nun auch einzelne Leistungsnachweise juristischer Kritik standhalten müssen.

Neben der Bürokratisierung von oben kommt es nämlich zu einer Bürokratisierung von unten, da selbst minimale Unterschiede im Anspruchsniveau einzelner Dozenten von den Studenten, insbesondere in den zahlreichen Begleitkursen zu Einführungsvorlesungen, nun als Ungerechtigkeit erfahren werden und Proteste auslösen, die auf weitere und immer weitere Standardisierung hinauslaufen. Die quasi-monetäre Abstraktheit der *Creditpoints* hat auf der Ebene der Organisation denselben Effekt, den Niklas Luhmann den gesellschaftsweit fungierenden Medien Geld und Recht zurechnet: Die Sensibilität für Änderungen und soziale Ungleichbelastungen nimmt zu, und selbst minimale Differenzen, die man normalerweise gar nicht bemerken würde, werden zu skandalfähigen Themen aufgewertet.

Auch explodieren an den Fakultäten die Präsenzpflichten für die Bachelor-Studenten sowie für das ihnen zugeordnete Aufsichtspersonal. Die einen kommen nicht mehr zum Lesen, die anderen kommen nicht mehr zum Forschen, wobei man gerechterweise hinzufügen muss, dass beides auch nicht mehr verlangt wird. Den Studenten erlässt man die Proben auf wissenschaftliche Literalität zusammen mit den Hausarbeiten, die sie kaum noch zu schreiben haben, womit die bulimische Methode der Literaturaneignung, die freilich auch zuvor schon ihre Anhänger hatte, zum Modell ohne Alternative erklärt wäre, und die Lehrkräfte für besondere Aufgaben fehlen entschuldigt, wo immer es ums Forschen und Publizieren geht.

Trotz vielstimmiger Kritik vernimmt man aus den politischen Zentralen, von denen die Initiative ausging, aber auch von den phantasievollen Schriftstellern, die ihnen dabei behilflich waren, einstweilen nichts als Lobgesang. Formuliert in der auch sonst bevorzugten Sprache der Produktwerbung, von deren Appellwirkung auf Intellektuelle man offenbar eine hohe Meinung hat, wird den Universitäten bescheinigt, dass sie »fit« seien, »vernetzt« und »gut aufgestellt«. Offenbar sind die Verantwortlichen mit den Unverantwortlichen übereingekommen, sich den Freuden der Selbstbefriedigung hinzugeben. Angesichts dieser Zumutungen muss man Verständnis haben, wenn nun auch die Reformkritik, die soziologische keineswegs ausgenommen, jedes Maß vermissen lässt.

*II.*

Die letzte große Hochschulreform, bei der auch Soziologen als Ideengeber und Schrittmacher fungiert hatten, liegt nun schon Jahrzehnte zurück. In den frühen sechziger Jahren traten so unterschiedliche Autoren wie Helmut Schelsky, Friedrich Tenbruck und Jürgen Habermas mit einer Reihe von wissenschaftskritischen Ideen hervor.[1] Die übereinstimmenden Zielpunkte dieser Kritik waren das Spezialistentum der sich verselbständigenden Disziplinen und Forschungsgebiete sowie die eigentümliche Weltfremdheit und »Gesellschaftsblindheit«, die das dafür zuständige Personal charakterisiere, und dies in beiden Rollen zugleich: Vermittelt über die Doppelrolle der Professors würden die Folgen des Spezialistentums, das schon in der Wissenschaft problematisch genug sei, an die Erziehung weitergeleitet, und die vorgebliche Einheit von Forschung und Lehre erteile dieser Verschiebung der Problemlasten den Segen.

Schon mehr als dreißig Jahre zuvor hatten erste Beobachter dieser Tatbestände, unter ihnen auch ein Soziologe wie Max Scheler, die Frage gestellt, wie man eigentlich auf die Idee kommen könne, dass die Ausbildung für den arbeitsteiligen Wissenschaftsbetrieb zugleich als Bildungsprozess aufzufassen sei. Nicht ohne Grund kam damals der überraschende Gedanke auf, der Bildungsauftrag der Universität sei etwas, das zur Ausbildung für Wissenschaft hinzutreten müsse. Schon diesen Beobachtern war die Einheit von Wissenschaft und Bildung fragwürdig geworden. Auch darum trauten sie der Einheit von Forschung und Lehre nicht länger über den Weg. Mit seinem

Vorschlag, die traditionelle Bündelung dieser beiden Funktionsgruppen, und damit die Universität selbst, abzuschaffen, um Forschung und Lehre fortan auf verschiedene Organisationen zu verteilen, blieb Scheler damals allein. Aber die Radikalität seines Sanierungsplanes zeigt, wie alt und wie grundsätzlich die Zweifel sind, die auftauchen, sobald man die Traditionsidee der Universität mit ihrem organisatorischen Alltag vergleicht.

Den Soziologen der sechziger Jahre lag es fern, den deskriptiven Gehalt dieser Kritik zu bestreiten. Über die Universität, die sie vorfanden, urteilten sie kaum anders als Scheler. Aber sie verband die Zuversicht, dass die Einheit von Wissenschaft und Bildung sich wiederherstellen ließe, sobald man die einzelnen Disziplinen an eine neuartige Form ihrer Selbstreflexion gewöhne. So schwebte ihnen eine soziologische Aufklärung der verschiedenen Einzelwissenschaften vor. Diese sollten lernen, den gesellschaftlichen Zusammenhang, in dem sie stehen, zu begreifen, um auf diese Weise neben der wissenschaftlichen Verantwortung für die Resultate ihrer Forschungen auch die gesellschaftliche Verantwortung für ihre etwaige Verwendung in anderen, außerwissenschaftlichen Kontexten übernehmen zu können, in denen ihre Absolventen irgendwann einmal arbeiten würden.

Diese Idee einer gesellschaftstheoretischen Selbstreflexion der Wissenschaften war von Anbeginn aporetisch. Da die kategoriale Struktur der weitaus meisten Wissenschaften sich gar nicht eignet, gesellschaftstheoretische Analysen ihrer eigenen Realität durchzuführen, könnte die soziologische Aufklärung dieser Wissenschaften nur das Werk der Soziologie selbst sein. Aber wie sollte daraus eine *Selbst*reflexion anderer Wissenschaften werden? Oder sollte sich ausgerechnet die Soziologie auf einen Platz an der Spitze des Wissenschaftssystems fantasieren, von dem aus alle anderen Disziplinen darin unterwiesen würden, was es mit ihnen im Großen und Ganzen auf sich hat? Als positiver Ertrag dieser Vorstellungen bleibt übrig, dass die Idee der Universität sich auf Unterstützung durch Soziologen schon seit geraumer Zeit nicht mehr berufen kann.

Nimmt man dies ernst, dann kann man als Soziologe nicht einfach dagegen sein, wenn vorgeschlagen wird, bei der Komposition von Studiengängen stärker auf Ausbildungsbedarf oder allgemeine, also organisationsadäquate Berufsqualifikation abzustellen, so als würde damit Ausbildung für Bildung substituiert. Die Wahrheit ist, dass das heutige Studium auch nichts anderes zu bieten hat als eine hochspezialisierte Ausbildung, nämlich zum Forscher in dieser oder jener Subdisziplin, und dass die kühne Idee, nur diese Ausbildung sei automatisch auch Bildung, ebenfalls entweder aufgegeben oder in neuartiger Weise begründet werden müsste. Aber eine solche Begründung liegt, wenn ich es recht sehe, nicht vor.

Allenfalls findet man den Vorschlag, von Lernfähigkeit statt von Bildung zu sprechen, wo immer es um die gesellschaftliche Funktion von Erziehungsprozessen geht.[2] Diese Substitution hat unter anderem den Vorzug, die Unterscheidung von Funktion und Leistung der Universität nicht als Gegensatz oder Alternative interpretieren zu müssen, so wie namentlich Humboldt es tat. Das Lernen kann man nämlich nicht als solches erlernen, sondern nur anhand von zu erlernenden Sachgehalten und Fähigkeiten. Es spricht nichts dagegen, dass bei der Entscheidung über die Auswahl des zu Kennenden und zu Könnenden auch Leistungserwartungen anderer Teilsysteme berücksichtigt werden, weil auch die Umkehrung jenes Satzes gilt: Man lernt, indem man etwas Bestimmtes lernt, immer auch das Lernen selbst, also immer auch die Fähigkeit, dieses Bestimmte nicht zum Dogma zu erheben, sondern es angstfrei zur Disposition zu stellen, wenn es sich als inadäquat erweist. Im Wissen der Absolventen mag die Universität etwas leisten, das in anderen Teilsystemen geschätzt wird. In der bewussten Lockerung der Bindung ans jeweils Gewusste, in der konditionierten Offenheit für Neues erfüllt sie ihre gesellschaftliche Funktion. Kenntnisse und Fertigkeiten können spezifischen Teilsystemen dienen. Dass man diese jederzeit zu erweitern oder zu verändern bereit ist, dient der Gesellschaft selbst.

*III.*

Seit dem Scheitern der Hochschulreformen der sechziger und frühen siebziger Jahre hatten sich die Soziologen aus jeder Mitwirkung an der Selbstdefinition der Universität zurückgezogen. Die aktuelle Reform trifft sie daher unvorbereitet. Darum müssen ihre Kommentare durch Dramatisierung ausgleichen, was ihnen an analytischer Substanz fehlt. Der Sozialwissenschaftler mutiert zum Funktionär seiner partikularen Interessen, und das Ergebnis davon ist ein Gerede, das mit dem Stand seiner eigenen Wissenschaft so wenig zu tun hat wie mit der Selbstreflexion jener Institution, um deren Verteidigung es ihm angeblich geht.

Die Vernachlässigung soziologischen Wissens führt ihn zu übertriebenen Befürchtungen, die Ignoranz gegenüber der neueren Geschichte der Universitätsidee führt ihn zu einem idealisierten Bild der Vergangenheit. Daraus resultieren zwei Fehlbeschreibungen der Reform, die den Widerstand gegen ihre Zumutungen unnötig schwächen: Die eine besagt, schon morgen werde, wenn man nicht aufpasse, die Universität nur mehr Ausbildung im Dienste der Wirtschaft betreiben, und die andere imaginiert, noch bis gestern sei sie eine freie Stätte der Bildung im Dienste des Menschen gewesen. Solange dem offenen Widerstand gegen die Reform keine besseren Argumente einfallen, wird über die Zukunft der deutschen Universität durch versteckten Widerstand entschieden. Das Problem daran ist nicht, dass dieser Widerstand chancenlos wäre – ganz im Gegenteil. Das Problem ist, dass er die Lebenslüge der deutschen Universität nur perpetuiert.

Man erkennt dies vor allem an der Art und Weise, in der der curriculare Kern der Reform umgesetzt, nämlich zum Entgleisen gebracht wurde. An vielen Instituten ähnelt das Curriculum des Bachelors dem Grundstudium von ehedem. Themenwahl und -folge des Curriculums wurden nur minimal variiert. Das Grundstudium endete aber mit einer Zwischenprüfung, nicht mit einer Abschlussprüfung. Es war kein selbständig wählbarer Studiengang, den man auf sein eigenes Ende hin durchgeplant hätte, sondern als Teil einer längeren Unternehmung gedacht. Darum war es in der alten Ordnung halbwegs vertretbar, das Grundstudium mit Stoffen zu belasten, mit denen man unmittelbar nach der Zwischenprüfung außerhalb der Universität wenig hätte anfangen können, also etwa mit Wissenschaftstheorie oder Methodenpurismus, Paradigmenkonkurrenz oder Klassikerkunde. Die Rechtfertigung ihrer verstiegenen Esoterik empfingen solche Themen des Studiums ausschließlich von seinem Ende her. Ein richtiger Diplomand, so die Vorstellung, sollte auch darüber Bescheid wissen, und die mangelnde Berufsrelevanz solcher Komponenten konnte als Sonderproblem der wie immer zahlreichen Abbrecher bagatellisiert werden.

Tritt an die Stelle der Zwischenprüfung, wie jetzt, eine Abschlussprüfung, müsste das Curriculum so revidiert werden, dass die auch extern verwendbaren Komponenten der Fächer nach vorne rücken, in der Soziologie also zum Beispiel Statistik und Datenerhebung auf einem Niveau, das Meinungs- und Marktforschungsinstitute voraussetzen – und dann natürlich auch eine Kritik der Statistik, die auch den wissenschaftsfernen Leser ihrer Berechnungen daran hindert, ihnen unbesehen Glauben zu schenken. Angesichts der Idee, das Studium diene der allgemeinen Berufsvorbereitung, haben viele Professoren nur mit dem Kopf geschüttelt, anstatt darüber nachzudenken, was in ihren Fächern denn tatsächlich Kenntnisse und Fähigkeiten sind, die sich auch außerhalb der Wissenschaft verwenden lassen.

Von Berufsvorbereitung kann einstweilen keine Rede sein, da ein massiver Affekt gegen Ausbildung jede Anpassung in diese Richtung blockiert. Stattdessen hat man nun einen Bachelor, der als Vorbereitung auf einen Master konzipiert ist, von dem man zugleich wünscht, dass nur ein kleiner Bruchteil der formal erfolgreichen Bachelor-Studenten ihn anstreben möge. Die Selektivität dieser Strukturentscheidung verrät die rücksichtslose Bevorzugung einer winzigen Gruppe von wissenschaftlich Geeigneten. Dem riesigen Rest werden die isoliert gar nicht sinnvollen Erst- oder Zweitstufen einer Ausbildung zum Wissenschaftler zugemutet, bloße Trümmer eines Curriculums, dekoriert mit dem üblichen Phrasenschmuck aus Wissensgesellschaft und Schlüsselkompetenz. Sollte es gelingen, den Master zu einem exklusiven Programm zu machen, dann würde dies für die Mehrheit der Studenten bedeuten, dass sie die Universität mit einer wissenschaftlichen Halb- oder Viertelbildung verlassen, im Prinzip nicht viel anders als die Abbrecher von ehedem. Gerade wer tapfer an den Bildungswert der Wissenschaft glaubt, wird es schwierig finden, mit diesem Zustand zufrieden zu sein. Dass er sich gleichwohl ohne Widerstände durchsetzen konnte, bezeugt einmal mehr, wie sehr die Humboldt-Universität von ihren Verteidigern schon längst in ein elitäres Konzept umdefiniert wurde, das eigentlich nur auf die wissenschaftliche Nachwuchsausbildung abzielt.

*IV.*

Ernstgenommene Nachwuchsausbildung ist diejenige Form der Lehre, die aus dem immanenten Bezug zur Wissenschaft nicht heraustreten kann. Sie lässt sich in ihren Sozialformen weder verschulen noch in ihren Sachthemen an die Leistungserwartungen anderer Teilsysteme jenseits von Wissenschaft anpassen. Auch lässt sie, wenn ernstgemeint, keine beliebigen Betreuungsrelationen zu. Auf einen Lehrenden können immer nur wenige Lernende kommen, die er in einer bevorzugten Weise behandeln kann. Alle anderen werden abgewiesen.

Für den Lehrenden hat die Nachwuchsausbildung einen unschätzbaren Vorteil. Sie garantiert ihm Rollenkomplementarität. Nur hier stößt er auf Studenten, die genuin an Wissenschaft interessiert sind. Nur hier kann er als Wissenschaftler zugleich pädagogisch wirken. Nur hier kann er sich auf Lektüren verlassen, so wie umgekehrt die Interaktion mit den Studenten ausleuchten mag, was ihm an den Texten selbst dunkel blieb. Nur hier funktioniert also die vorausgesetzte Redundanz mündlicher und schriftlicher Kommunikation, an der es in anderen Kursen fehlt, sodass die Interaktion für Lektüren einspringen muss und dadurch überfordert wird. Nur hier kann er buchstäblich sehen, wie Studenten vorankommen, und sich, vor allem nach Selbstzurechnung ihrer Fortschritte, daran erfreuen.

Die defensiven Reflexe gegenüber der Reform lesen sich zuweilen so, als wäre all dies in Gefahr. Aber diese Vorzüge müssen nicht verteidigt werden, weil sie gar nicht bedroht sind, solange die Universitäten überhaupt wissenschaftlichen Nachwuchs ausbilden. Und gerade weil die Lehrenden diese Form schätzen, wird sie auch unter ungünstigen Umständen überleben. Das Problem liegt vielmehr in der übergroßen Mehrheit der Studenten, die dafür weder Eignung noch Neigung mitbringen. Ihre Präsenz in den Kursen hatte längst vor der Reform zu einem Auseinanderdriften von Lehre und Nachwuchsausbildung geführt.

*V.*

Die ältere Kritik der Humboldt-Universität, vorgetragen vor allem von Soziologen, hatte, wie gezeigt, gesellschaftstheoretisch argumentiert und den Bildungswert einer arbeitsteilig und betriebsförmig organisierten Wissenschaft bestritten. Daneben gab es den Hinweis auf die Belastung der Organisation durch die widerspruchsvollen Zwecksetzungen von Forschung und Lehre. In beiden Fällen war die Interaktionsebene gleichsam ausgeblendet worden. Es wurde einfach unterstellt, dass Seminare und Vorlesungen vorbehaltlos auf den wissenschaftlichen Nachwuchs zugeschnitten sind. Die Interaktionseinheit von Lehre und Nachwuchsausbildung ist aber schon lange zerfallen oder in ein Privileg umdefiniert worden. Es hat darum auch keinen Sinn, das Für und Wider der Reform an diesem Punkt zu diskutieren.

Als erstes musste angesichts des Spezialisierungsgrades der Forschung die klassische Vorstellung aufgegeben werden, das Thema der eigenen Forschungen sei zugleich auch dasjenige von Lehrveranstaltungen. Die Lehre braucht den Überblick über komplette Subdisziplinen oder Fachgebiete, die unterhalb der Schwelle eigener Theoriebildung kein eigenes Forschungsthema sein können. Immer schon musste der Forscher also auch das lehren, was für ihn selbst keineswegs Thema, sondern nur sinngebender Kontext war.

Aber natürlich kann man auch unter diesen Umständen versuchen, die Lehre als Nachwuchsausbildung anzulegen. Die Lehre fungiert dann als Einübung in die Theorien und Methoden einer wissenschaftlichen Disziplin, die dabei weniger mitgeteilt als vielmehr vorgeführt und diskursiv weiterentwickelt wird. Wer nicht liest, und zwar sehr intensiv liest, kann dem nicht folgen. Erkennbar setzt diese Lösung ein hohes Maß an studentischen Wahlfreiheiten voraus. Wo es daran fehlt, zum Beispiel in kleinen Instituten oder verschulten Studiengängen, treten Interaktionsprobleme auf. Der nur seiner Wissenschaft verpflichtete Lehrer redet an der Mehrheit der Anwesenden vorbei. Nicht nur aktive, auch passive Beteiligung wird dann zu einem Privileg weniger. Allen anderen mutet dieser Stil ein Höchstmaß an Interaktionsentfremdung zu, was auf permanente Systemkrisen hinauslaufen kann: Sobald der Lehrer sich mit eigenen Beiträgen zurückhält, wird klar, dass Bedingungen für eine das Thema respektierende Fortsetzung der Kommunikation, und zwar mangels Verständnis, durchaus nicht gegeben sind. Die organisatorisch gewollte Differenzierung zwischen

Vorlesung und Seminar scheitert dann an der fehlenden Interaktion im Seminar. Wo es an studentischen Wahlmöglichkeiten fehlt, wird die reine Wissenschaftlichkeit zu heroischem Pathos und zum Monopol derjenigen Professoren, die selbstbezogen genug sind, auch unter pathologischen Fällen von Interaktion nicht zu leiden.

Darauf hat man zu reagieren versucht, und zwar wiederum längst vor den aktuellen Reformen, indem man diesen Stil der Lehre den Hauptseminaren und oft auch den älteren Kollegen vorbehielt. Das setzte aber voraus, dass das Studium zu einer Art von kumulativem Lernen führte. Häufig aber verhielt sich jeder Kurs zum vorangegangen wie eine Löschtaste zur Tonbandaufzeichnung. Lehrer merken das daran, dass man ihnen sagen muss: »Dies ist ein Hauptseminar«, weil sie es den studentischen Beiträgen selber nicht anmerken würden. Das institutionelle Korrektiv läge hier gerade in einem Mehr an Verschulung, nämlich darin, ganze Ketten von Kursen zur Wahl zu stellen und bei der Kettenbildung auf Kumulationsmöglichkeiten zu achten.

Andere Lehrende haben dagegen immer schon pädagogisch reagiert. Um die Überforderung der wissenschaftlich Ungeeigneten zu vermeiden, haben sie das Anspruchsniveau gesenkt. Anstelle der Wissenschaft, um die es geht, offerierten sie ein Simplifikat dieser Wissenschaft. Hier setzt sich die Lehre auf Kosten der Forschung durch.[3] Wenn es gut geht, hält sich bei dieser Methode die Interaktionsentfremdung in Grenzen. Der Nachteil liegt in der Unterforderung der wissenschaftlich Geeigneten. Große Teile des zu fördernden Nachwuchses müssen dann aus den Seminaren abwandern, auch aus den Hauptseminaren, um sich stattdessen in eine Art von Wissenschaftsgeselligkeit zu verziehen, in der wiederum die funktionale Spezifikation der Kommunikation leidet. Der informelle Ton lässt sich, so die Analyse einer Bielefelder Diplomarbeit von Christan Hilgert, nicht durchhalten, ohne dass Unterschiede an persönlicher Sympathie an Gewicht gewinnen, von denen man soziologisch wissen kann, dass sie mit Schichtung korrelieren.[4] Auch hier ist die Einheit von Forschung und Lehre ein Privileg weniger, das überdies nach diffusen statt nach spezifischen Kriterien verteilt wird.

Es gibt also durchaus einen Kern von wirklicher Nachwuchsausbildung, sei es in pädagogisch rücksichtslosen Seminaren, die von den daran nicht Interessierten gemieden oder ertragen werden, sei es in Formen einer Wissenschaftsgeselligkeit, zu der nur wenige zugelassen werden. Und man kann sich vorstellen, dass es dieser Kern ist, der in der Optik der Lehrenden dominiert und von dem ihre Berufszufriedenheit abhängt. Aber das bleibt dann eine subjektive Perspektive, die man nicht auf die Universität im Ganzen hochrechnen kann, da nur eine winzige Minderheit der Studenten an dieser Ausbildungsform beteiligt ist.

Hebt man diese Sichtbeschränkung auf, dann wird eine Differenzierung der Studentenrolle sichtbar, die den Publikumsrollen anderer Organisationen ähneln. Vor der Reform glich die Rolle des Studenten der von einfachen Kirchen- oder Parteimitgliedern. Das Maß ihrer Beteiligung am Studium war keine feste und organisatorisch vorgeschriebene Größe, sondern eine stufenlos verstellbare Variable, über deren jeweiligen Wert die Studenten selber entschieden. Viele lasen überhaupt erst, wenn es um Abschlussprüfungen ging, andere lasen gar nicht und fielen zurück. Für die Universität wurde daraus das Problem einer hohen Abbrecherquote. Eine der wenigen nachvollziehbaren Ambitionen der Reform bestand darin, dieses Problem zu lösen, und zwar mit einem Vorschlag, dem man die innere Logik nicht absprechen kann. Ihn hat vor allem eine strukturkonservative Auslegung der Reform sabotiert.

Nicht das Ende der Einheit von Forschung und Lehre, sondern nur ihr zunehmend exklusiver Charakter wäre demnach zu konstatieren, und zwar nicht erst als Ergebnis der jüngsten Reformen. Die Eliteschule, gegen die man sich in Deutschland wehrt, gibt es auch in Deutschland schon lange: an jedem Lehrstuhl hat sie eines ihrer Zentren. Wer nur das verteidigen will, der sollte es auch so nennen. An alle anderen ergeht die Frage, was aus den Studenten werden soll.

Rudolf Stichweh

# Autonomie der Universitäten in Europa und Nordamerika: Historische und systematische Überlegungen

## *I. Universität, Mitgliedschaft, Autonomie*

Wie ist die Autonomie der Universität als einer Erziehungs- und Wissenschaftsorganisation in der Gesellschaft zu verstehen und zu begründen? Das Ziel der folgenden Überlegungen ist es, auf diese Frage eine soziologische und zugleich historisch fundierte Antwort zu geben, die auch »politisch« instruktiv sein will. Der Begriff der Autonomie, den ich zu skizzieren versuche, geht von der »Europäischen Universität« aus, was voraussetzt, dass ich die »Europäische Universität« als eine zumindest in historischer Sicht sinnvolle Abstraktion erachte. Das Argument bezieht im Weiteren die nordamerikanische Universität ein, die seit der Mitte des 20. Jahrhunderts die einflussreichste Quelle von Modellen der Universitätsentwicklung ist.

Ein starker Begriff von Autonomie ist in der europäischen Universität seit ihrem Beginn im 12. und 13. Jahrhundert präsent. Die Universität entsteht als eine autonome Korporation von Gelehrten, die sich auf Erziehungsleistungen spezialisieren. In manchen Deutungen schließt diese autonome Korporation von Gelehrten die Studenten als ihre Mitglieder ein. Das begründet eine Ambiguität, die bis heute fortdauert und unentschieden bleibt. Sind die Studenten Mitglieder einer akademischen Gemeinschaft, als welche sie mit den Professoren die Gemeinsamkeit einer Lebensform und Welteinstellung verbindet, die sie deutlich von anderen *Communities* in der Gesellschaft trennt? Oder sind sie »Klienten«, was bedeuten würde, dass sie von Professoren, die als Professionelle fungieren »betreut« werden, was aber auch heißt, dass sie deutlicher, als dies oft ein Mitglied einer »Gemeinschaft« kann, Leistungserwartungen und Ansprüche zu formulieren imstande sind? Beide Seiten dieser Alternative werden in einem Hochschulsystem präsent sein. Aber die Entwicklung der Massenuniversität des 20. und 21. Jahrhunderts privilegiert vermutlich den Klientenstatus der Studierenden, weil dieser besser mit den vielfältigen anderen gesellschaftlichen Engagements zusammenpasst, die Studierende heute von vornherein eingehen.

Von Anfang an aber ist diese autonome Korporation der Gelehrten (und der Studierenden) auf externe Instanzen angewiesen, die verschiedene Formen von Fremdkontrolle beanspruchen und für diesen Zweck diverse Formen des Eingreifens in die Universität benutzen, die immer etwas mit den Techniken der Finanzierung der Universität zu tun haben. An ihrem historischen Startpunkt ist die europäische Universität durch eine Dreieckskonstellation bestimmt. Der autonomen gelehrten Korporation steht einerseits die Kirche (insbesondere Bischof und Papst), andererseits jeweils eine politische Gewalt (Fürst, König, Kaiser, Stadt) gegenüber. Beide externen Gewalten überformen die Autonomie durch zum Gründungszeitpunkt der Universität erteilte Privilegien, die sich als Privilegien selbstverständlich mit Auflagen und Leistungserwartungen verknüpfen.

## *II. Universitätsgeschichte als Geschichte der Fremdkontrollen und der Anlehnungskontexte*

Die Geschichte der europäischen Universität kann als eine Geschichte wechselnder Formen von Fremdkontrolle und wechselnder Anlehnungskontexte, auf die sich die Universität stützt, geschrieben werden.[1] In der spätmittelalterlichen Situation der Entstehung der Universitäten (circa 1200–1500) sind es zunächst regionale und universale Kommunikationszusammenhänge der Kirche und der kirchlichen Orden, die die wichtigste soziale Umwelt der Universität bilden und deshalb auch am stärksten formend in die Universität eingreifen. Die Finanzierung der Universität ruht zu einem erheblichen Maße auf kirchlichem Eigentum und kirchlichen Pfründen. Der Studienorganisation nach sind die theologische und die juristische Fakultät die beiden hauptsächlichen Korpora, und auch die Ausbildung von Juristen ist in vielen und in besonders prominenten Fällen die Ausbildung von Kirchenjuristen. In der frühen Neuzeit kommt es im Kontext von Reformation und Gegenreformation zu einer Erneuerung der kirchlichen Kontrolle über die Universität. Diese vollzieht sich jetzt unter konfessionellen Vorzeichen, also auch als Konkurrenz der konfessionell gebundenen Institutionen, und erst im 18. Jahrhundert gelingt es Institutionen wie Göttingen, sich aus dem konfessionellen Rahmen ein wenig zu lösen und eine überkonfessionelle Anziehungskraft zu erlangen.

Seit dem 16. Jahrhundert aber dominiert zunehmend die Funktionalisierung der Universität durch den entstehenden Territorialstaat und insofern die Politik als die primäre Form der Fremdkontrolle und als hauptsächlicher Anlehnungskontext der Universität. Die Universität wird als Staatsanstalt aufgefasst; sie ist jetzt vor allem eine Institution der Ausbildung von Staatsdienern. Der Wandel der Anlehnungskontexte zeigt sich gut daran, dass im Spätmittelalter das politische Gegenüber der Universität (der Territorialherr) in vielen Fällen ein Kirchenfürst war; in der frühen Neuzeit wird die kirchliche Kontrolle der Universität in protestantischen Territorien durch politische Instanzen ausgeübt.

Seit der zweiten Hälfte des 18. Jahrhunderts intensiviert sich die Anlehnung der Universität an die Wissenszusammenhänge und die Wissensdynamiken des sich ausdifferenzierenden Wissenschaftssystems. Die Verwissenschaftlichung aller Lehrthemen der Universität mediatisiert jetzt die beiden anderen klassischen Kontexte der Kontrolle der Universität durch Kirche und Staat. Immer seither erscheint uns die Verknüpfung von Erziehung und Wissenschaft in der Universität gleichsam als unauflöslich.

Im 20. Jahrhundert kommt zu diesen drei klassischen Kontexten der funktionalen Anlehnung und der Fremdkontrolle der Universität (Kirche/Religion, Staat, Wissenschaft) die Wirtschaft als ein vierter Anlehnungskontext hinzu. Alle Themen der Gestaltung der Universität können jetzt auch aus wirtschaftlicher Perspektive gedeutet werden: Universitäre Erziehung kann dann als die Herausbildung von Humankapital verstanden werden, Wissenschaft und universitäres Wissen auf ihre technologische Relevanz hin befragt werden. Es hat aber in Europa – und auch in den USA – nie Formen der Kontrolle der Universität durch Gesichtspunkte des Wirtschaftssystems gegeben, die der zeitweise engen Anlehnung der Universität an Kirche und Staat geglichen hätten. Ein anderes Indiz für diesen Sachverhalt ist, dass es in Europa und in den USA nur wenige Universitäten gibt, die sich als profitorientierte Wirtschaftsunternehmen verstehen. Man kann zwar die Möglichkeit nicht ausschließen, dass die gegenwärtige Finanz- und Wirtschaftskrise daran etwas ändert. Die in den USA wissenschaftlich dominante *Privat*universität ist aber jedenfalls keine privat*wirtschaftliche* Universität.

### III. *Ein soziologischer Begriff der Autonomie der Universität*

Vor dem bisher skizzierten historischen Hintergrund lässt sich ein systematischer soziologischer Begriff der Universität und ihrer Autonomie entfalten. Für diesen ist zunächst einmal zu betonen, dass in der Moderne die Universität weder eine kirchliche Einrichtung noch eine Staatsanstalt noch ein privatkapitalistisches Wirtschaftsunternehmen ist.[2] In all den Fällen, in denen eine Universität dann doch eine dieser drei Abhängigkeiten verkörpert, spricht einiges für die Vermutung, dass der Institution, die sich aus einer dieser Abhängigkeiten nicht hat herauslösen können, die Anerkennung verlorenzugehen droht, die dadurch entsteht, dass eine Universität in einem weltweiten Beobachtungszusammenhang von Universitäten von den jeweils anderen Institutionen als gleichwertig aufgefasst wird.

Die gerade formulierten Negationen – keine Staatsanstalt, keine kirchliche Anstalt, kein Wirtschaftsunternehmen – führen uns auf eine positive Bestimmung hin. Die Universität ist in einer ersten Annäherung eine *Einrichtung der Gesellschaft*, die in alle Bereiche der Gesellschaft hineinzuwirken versucht und die zugleich von allen gesellschaftlichen Kommunikationsbereichen auch unabhängig sein muss. Diese Bestimmung der Universität als einer Institution der Gesellschaft ist einerseits eine Reaktion auf die Sequenz historischer Abhängigkeiten, andererseits ein Indikator des historischen Erfolgs der Universität in der Auflösung dieser Abhängigkeiten. Ihre gesellschaftliche Autonomie ist insofern *Äquidistanz* zu allen Kontrollansprüchen, die ihr gegenüber formuliert werden können. Eine solche Bestimmung ist keine hinreichende Bestimmung. Die gesellschaftsweite Relevanz der Universität ist nicht ohne eine funktionale Spezifikation vorstellbar, die ich in drei Schritten skizziere.

Zunächst einmal ist historisch unabweisbar, dass Universitäten immer Organisationen des Erziehungswesens waren und dass sie dies auch heute noch sind. Aber sie nehmen im Erziehungswesen eine Sonderstellung ein, und sie müssen diese einnehmen, sonst könnte man sie von Schulen nicht unterscheiden. Diese Sonderstellung wird nicht primär durch die Zuständigkeit für einen bestimmten Abschnitt des Lebenslaufs garantiert (also nicht durch den tertiären Status der Hochschulerziehung). Eine solche temporale Spezialisierung auf einen bestimmten Altersabschnitt ist historisch variabel, und sie ist auch heute noch im Vergleich nationaler Hochschulsysteme relativ variantenreich und kann deshalb die Besonderheit der Universität nicht erklären. Was die Besonderheit der Universität von Anfang an ausmacht, ist die Weise ihres Umgangs mit erziehungsrelevantem Wissen, die gekennzeichnet ist durch Globalität ihrer Wirkungsabsichten (Qualifikation für professionelle Berufe ohne regionale Einschränkung), die Universalität ihrer Wissensideale (keine zeitliche, sachliche und soziale Beschränkung der Geltungsansprüche des von ihr benutzten Wissens) und die Inklusivität ihrer sozialen Rekrutierung (auf der Ebene der Lehrer und der Studenten bestand Zugänglichkeit für jeden, ungeachtet sozialer oder regionaler Herkunft, soweit er die Geltung dieser Wissensideale für sich akzeptierte).[3] Die Universität ist unter diesen Voraussetzungen von vornherein eine europäische Institution, und sie ist nicht etwa eine Schule mit einem regionalen Wirkungskreis.

Die Universität funktioniert also zunächst als eine sozial inklusive Erziehungsorganisation mit globaler Ausbildungsabsicht und universalistischen Wissensidealen, und erst im 18. und 19. Jahrhundert vollzieht sich jener nächste Schritt, der den Bezug auf Wissen noch einmal funktional spezifiziert, indem er alternativenlos eine Symbiose der Erziehungsorganisation Universität mit einem neu gefassten Begriff der Wissenschaft und mit dessen Verbindung mit wissenschaftlicher Forschung heraufführt.[4] Damit konsolidiert sich die gesellschaftliche Sonderstellung der Universität. Sie ist seit diesem Zeitpunkt die Erziehungsorganisation mit globalem Wirkungshorizont, die jedes Thema, das in ihr vorkommt, im Licht des gegenwärtigen wissenschaftlichen Wissens behandelt und die das wissenschaftliche Wissen zwangsläufig mit Forschung verknüpft, welche als Forschung dieses Wissen laufend überprüft und erweitert. Die Variabilität der Alterszuordnung in der Definition der studentischen Population wird durch diese Entwicklung bestätigt. Man kann jetzt problemlos eine Kinderuniversität veranstalten – auch wenn das nie ein Kerngeschäft der Universität sein wird. Aber die Zugehörigkeit dieser Kinderuniversität zur Universität ist unschwer daran zu erkennen, dass auch in der Kinderuniversität der Vortrag, den die Neun- und Zehnjährigen hören, so sehr er sich an ihrem Verstehenshorizont ausrichtet, unzweifelhaft ein wissenschaftlicher Vortrag zu sein beansprucht, sodass eine jede Verwechslung mit der Primarschule ausgeschlossen ist.

Funktional ist die Universität seit ungefähr 1800 durch dieses Dual von Erziehung und Wissenschaft bestimmt. Erziehung und Wissenschaft sind zwei Funktionssysteme der modernen Gesellschaft, die an sich gut zu unterscheiden sind und zu eigenständigen Organisationsbildungen und Kommunikationsprozessen Anlass geben, die aber in der Universität so eng miteinander verknüpft sind, dass man jederzeit auf der einen Seite der Unterscheidung Defizite in den Blick bekommen kann, die mit der unzureichenden Berücksichtigung der anderen Seite zu tun haben. Auch im esoterischsten oder innovativsten Forschungsprojekt kann in der Universität jederzeit die Frage auftauchen, ob dieses Forschungsprojekt auch in angemessener Weise die Ausbildung des wissenschaftlichen Nachwuchses einbezieht. Und umgekehrt wäre es für jede universitäre Lehre ein ernstes Problem, wenn man ihr vorwerfen könnte, dass ihr der Stand des wissenschaftlichen Wissens nicht hinreichend bekannt sei.

Das in der Universität verkörperte funktionale Dual Erziehung/Wissenschaft konstituiert eine universitäre Binnenwelt, die um diese beiden Pole kreist und die dies jederzeit auch konflikthaft tun kann (in der Form des Vorwurfs der Vernachlässigung der jeweils anderen Seite). Das in dieser Weise im Brennpunkt des Interesses stehende Dual blendet dritte und vierte Relevanzen aus, lässt sie als extern erscheinen und steuert damit die Ausdifferenzierung von Organisationen, in denen dieses

Dual in verschiedenen Formulierungen – zum Beispiel als Differenz von Lehre und Forschung oder als Einheit von Forschung und Lehre – konstitutiv für ihr tägliches Operieren ist.

Auf der Basis dieser Überlegungen lässt sich leicht ein moderner soziologischer Begriff universitärer Autonomie skizzieren. Die auf das Dual Erziehung/Wissenschaft gestützte Universität gewinnt in der Moderne zunehmende Distanz zu den historischen Anlehnungskontexten Religion/Kirche und Politik/Staat. Und sie gerät ungeachtet der modernen Semantiken des Humankapitals (als Operationalisierung des Ausbildungsbezugs) und der Technologie (als Operationalisierung des Forschungserfolgs) nie in das Fahrwasser des Wirtschaftssystems der modernen Gesellschaft (diese Aussage gilt nicht für jede einzelne Organisation, würde aber erneut prognostizieren, dass eine Universität bei zu enger Anlehnung an wirtschaftliche Erwartungen Probleme mit der Anerkennung durch andere Universitäten bekommt). Dass dies möglich ist, ist nicht einer *Unabhängigkeit* der Universität von allen Leistungserwartungen und Anlehnungskontexten zuzuschreiben. Es ist leicht zu sehen, dass eine solche Vorstellung nicht mit der Realität übereinstimmen würde. Aber *Autonomie* ist eben nicht als *Unabhängigkeit* zu definieren. Autonomie in einem soziologisch instruktiven Verständnis dieses Begriffs besteht vielmehr in der *Pluralisierung der Abhängigkeiten eines Systems*, einer Pluralisierung der Abhängigkeiten, die dem System Freiräume verschafft, weil das System sich zu gegebenen Zeitpunkten dafür entscheiden kann, sich auf diejenigen Abhängigkeiten zu stützen, die mit seiner eigenen Interessenrichtung am besten übereinstimmen, und andere Abhängigkeiten, die es als beschränkend erfährt, temporär zurückzudrängen. Einen so verstandenen Begriff der Autonomie hat Niklas Luhmann konsequent vertreten. So heißt es in einer der charakteristischen Formulierungen: »Es scheint in hochentwickelten Gesellschaftssystemen mithin Strukturzusammenhänge zu geben zwischen (1) funktionaler Systemdifferenzierung, (2) hoher Autonomie der Teilsysteme, (3) selbstreferentieller Operationsweise und (4) Möglichkeiten der Steigerung wechselseitiger Unabhängigkeit und Abhängigkeit zugleich, sodass die Gesellschaft das, was sie an Einheitlichkeit durch Differenzierung einbüßt, durch Interdependenzen zwischen den Teilsystemen zurückgewinnen kann«.[5]

Hinsichtlich der Autonomie der Universität ist dasselbe Argument vor allem in Arbeiten von Talcott Parsons zu finden: Autonomie der Universität bedeutet die Verteilung der Abhängigkeit auf möglichst viele Systeme in der Umwelt der Universität.[6] In einer interessanten Formulierung favorisierte der preußische Kultusminister Carl Heinrich Becker 1929 die Abhängigkeit der Universität vom Staat, weil dieser nicht intrusiv sei: »Wenn schon – und das liegt im Wesen der Finanzierung – eine Abhängigkeit von außeruniversitären Kräften unvermeidlich ist, dann ist unserer Professorenschaft die Abhängigkeit vom Staat noch die liebste. Nur hier ist sie sicher davor, dass mit der Finanzierung keine Nebenzwecke verbunden werden. Auch die enge Verknüpfung mit der Industrie ... ist nur deshalb tragbar, weil die staatlichen Bezüge unserer Professoren von vornherein eine weitgehende wirtschaftliche Unabhängigkeit gewährleisten«.[7]

Die Maxime der erfolgreichen Universität wird deshalb immer sein: Steigere die Zahl und die Diversität der Abhängigkeiten, in denen die Institution steht. Das wirkt als Puffer gegen Risiken und erlaubt ein strategisches Ausspielen der Abhängigkeiten gegeneinander. Damit wird die soziohistorische Bedingung der Möglichkeit einer zunehmenden Autonomie von Universitäten sichtbar. Es ist die funktionale Differenzierung der Gesellschaft, das heißt die sukzessive Ausbildung kommunikativer Eigenständigkeit immer neuer gesellschaftlicher Funktionsbereiche, die die gesellschaftliche Umwelt der Universität in einem Grade diversifiziert, dass dies der Universität erlaubt, das Spiel der Steigerung von Unabhängigkeit durch Verteilung der Abhängigkeiten auf eine wachsende Pluralität von Systemen in der Umwelt der Universität zu spielen.

## *IV. Fremdkontrolle und Selbstkontrolle*

Die Autonomie der Universität in der Welt des 20. und 21. Jahrhunderts wird, wie gerade demonstriert, durch sozialstrukturelle Entwicklungen wie beispielsweise die progressive Durchsetzung funktionaler Differenzierung ermöglicht. Es bilden sich parallel dazu in der Universität Institutionen und Traditionen, die die faktische Nutzung universitärer Autonomie gestalten.

Welche Rolle aber spielt das Recht in der Auslegung universitärer Autonomie; gibt es jemanden, der sich als Träger der Autonomie der Universität auffassen darf, und wie ist in der Universität das Zusammenspiel von Selbstkontrollen und den in jedem Universitätssystem historisch gegebenen Fremdkontrollen geregelt und analytisch zu verstehen?

Zu betonen ist zunächst einmal, dass die Analyse, die wir hier vorgelegt haben, Autonomie nicht zuerst als einen Rechtszustand auffasst und auch nicht davon ausgeht, dass Autonomie primär durch rechtliche Mittel zu sichern ist. Vielmehr haben wir die sozialstrukturelle Ermöglichung von Autonomie durch Differenzierung der Gesellschaft betont. Das Recht wird vor allem dort wichtig, wo es die funktionale Differenzierung der Gesellschaft selbst als einen durch die Verfassung und das geltende Recht zu unterstützenden Sachverhalt auffasst. Besonders deutlich hat dies der *Supreme Court* der Vereinigten Staaten formuliert, der in Entscheidungen, in denen er die Verfassungsmäßigkeit rassenbasierter *affirmative action* zu prüfen hatte – es ging in diesen Entscheidungen vor allem um die Präferenz, die bestimmte amerikanische Elitecolleges schwarzen Bewerbern (aber auch Bewerbern indianischer Herkunft) einräumen –, einen verfassungsmäßigen Schutz der *Autonomie des Erziehungswesens* als legitimierenden Grund seiner Nichtintervention in die Praxis der Universitäten anführte. So heißt es 2003 in der Entscheidung *Grutter v. Bollinger* »Universities occupy a special niche in our constitutional tradition«, und fünfundzwanzig Jahre vorher, im Fall *Regents of the University of California v. Bakke* (1978), in der die 5:4-Entscheidung schließlich bestimmenden Meinung des Richters Lewis Powell: »recognizing a constitutional dimension, grounded in the First Amendment, of educational autonomy.«[8]

Im Verfassungsrecht der Bundesrepublik Deutschland findet sich die entsprechende Formulierung bekanntlich im Artikel 5 Absatz 3 des Grundgesetzes: »Kunst und Wissenschaft, Forschung und Lehre sind frei.« Anders als im amerikanischen Fall ist nicht von »educational autonomy« die Rede, was darauf hindeutet, dass in der deutschen Entwicklung die Unauflöslichkeit der Verknüpfung von Erziehung und Wissenschaft (in der Universität) früher und alternativenloser etabliert worden ist.

Zugleich findet sich in der deutschen Formulierung eine unhinterfragte Privilegierung der Universität gegenüber anderen Erziehungsinstitutionen, und zwar in dem zweiten Teil der Formel, »Forschung und Lehre sind frei«, der in dieser Bestimmtheit nur auf die Universität passt. In beiden nationalen Kontexten müssen wir diese Formulierungen wohl so verstehen, dass sich hier kein im engeren Sinne rechtlicher Imperativ geltend macht, dass vielmehr das Verfassungsrecht eine Sonderstellung anerkennt und ratifiziert, die sich die Universität in ihrer Geschichte erarbeitet hat.

Wer aber ist der Träger dieser Autonomie, die in einigen Verfassungsordnungen einen so ungewöhnlich artikulierten Schutz zu genießen scheint? Die sich historisch unmittelbar aufdrängende Antwort würde lauten: die Korporation der Gelehrten, die die Universität als eine *Communitas* und als eine Organisation eigenen Typs hervorbringt. Ein zweiter Blick wird uns aber belehren, dass eine solche Konstruktion die Gesellschaftslage der Universität nicht angemessen beschreiben würde. Ähnlich wie wir bei der Beschreibung und Erklärung der Ausdifferenzierung der modernen Universität auf das Dual von Erziehung und Wissenschaft als wichtigste differenzierungsgeschichtliche Bedingung verwiesen hatten, müssen wir auch in diesem Fall eine duale Konstruktion nachzeichnen, um die Trägerstrukturen von Autonomie aufzudecken. Bereits in der mittelalterlichen Situation sind Kaiser und Papst nicht nur externe Kontrollinstanzen der Universität, sondern sie statten die Universität mit Privilegien aus und machen sich gewissermaßen interne Wertprinzipien der Universität zu eigen und schützen auf diese Weise die Universität vor Erwartungen und Zumutungen, die diese als mit ihrer Identität unverträglich empfinden könnte. Diese Konstellation wiederholt sich in der Universitätsgeschichte in immer neuen Varianten, und sie führt zu Rollenstrukturen, die die zugleich interne wie externe Zuordnung dieser Kontrollinstanzen spiegeln: so beispielsweise der regionale Bischof als »Magnus Cancellarius« der Universität oder einzelner ihrer Fakultäten;[9] der frühneuzeitliche »Universitätskurator«, der sowohl der staatlichen Bildungsverwaltung angehört wie zugleich die Universität gleichsam von innen her plant (prototypisch: der Freiherr G. A. von Münchhausen im Fall Göttingens[10]); der Sonderfall der preußischen Bildungsverwaltung, die sich nach dem Urteil bereits zeitgenössischer Beobachter durch einen ungewöhnlichen Grad der Internalisierung akademischer Selbstverständnisse auszeichnete;[11] die frühneuzeitlichen Visitationskommissionen, die beispielsweise in Oxford und Cambridge entscheidende Triebkräfte jeder Reform der beiden Universitäten waren.[12]

In der gegenwärtigen Situation europäischer und nordamerikanischer Universitäten wiederholt sich diese duale Institutionalisierung der Autonomie der Universität vor allem in zwei Kernstrukturen: Im *Board of Governors* der nordamerikanischen Universitäten[13] und im Hochschulrat oder Universitätsrat, der analog zu den amerikanischen Einrichtungen in einer Reihe europäischer Länder in den letzten Jahren entstanden ist. Im amerikanischen Fall reflektiert diese Institution erneut eine duale Struktur. Auf der einen Seite steht die *Faculty*, als die klassische akademische Kernstruktur, die im amerikanischen Fall inklusiver aufgefasst wird, als dies in der europäischen Tradition üblich war. Ihr steht als die Repräsentation öffentlicher Interessen der *Board of Governors* gegenüber, der seiner strukturellen Verankerung nach ziemlich genau das reflektiert, was ich oben den Sachverhalt der Universität als einer nicht mehr staatlichen, kirchlichen, wirtschaftlichen, vielmehr als einer gesellschaftlichen Institution benannt habe.[14] Der *Board of Governors* ruht seiner Selbstbeschreibung nach auf Prinzipien wie »Philanthropie« (dem uneigennützigen Einsatz von Gesellschaftsmitgliedern für überindividuelle Interessen) und »Voluntarismus« (einer Handlungsbereitschaft, die sich auf ein Kollektiv bezieht). Er fungiert als eine Art von Treuhänder *(Trustee)*, der eine Vielzahl von für die Universität konstitutiven Interessen in der Universität repräsentiert: »These include faculty, staff, students, alumni, donors, parents, neighbors, and the local government, among others.« Und zugleich wird dem *Board of Governors* abverlangt, dass er in der Gegenwart der Universität ihre Zukunftsfähigkeit vertritt: »Boards incur a special duty to preserve and enhance the institution for future generations.«[15]

Man sieht an diesem amerikanischen Beispiel gut, wie die Autonomie der Universität durch die duale Struktur von *Faculty* und *Board of Governors* repräsentiert und gesichert wird. Im Vergleich dazu kann man im Blick auf viele europäische Universitätssituationen unserer Tage den Eindruck gewinnen, dass einerseits die korporativen Strukturen der Selbstrepräsentation nicht mehr als lebendige und fortsetzungsfähige institutionelle Traditionen vor Augen stehen. Andererseits wirken viele Universitätsräte oder Hochschulräte, die offensichtliche Imitate eines *Board of Governors* sind, wie eine institutionelle Hülle, ohne dass die eigentlich dazu erforderlichen Sozialstrukturen vorhanden oder auch nur bekannt wären. Soweit diese Diagnose zutrifft, erzeugt dies eine potentiell riskante Lage, in der Zuständigkeiten, Handlungsspielräume und Grenzen von Handlungsspielräumen nicht hinreichend geklärt sind und in der es passieren kann, dass für dasjenige, was dann faktisch geschieht, niemand die Verantwortung übernimmt.

In einer allgemeinen soziologischen Sicht machen diese abschließenden Überlegungen zu dualen *Governance*-Strukturen autonomer Universitäten uns einen wichtigen Sachverhalt deutlich. Autonomie ist nicht umstandslos als Selbstkontrolle zu verstehen. Sie ruht vielmehr auf dualen Strukturen der Selbstkontrolle und der Fremdkontrolle, in denen – und das traf für die Universität historisch immer zu – viel davon abhängt, dass die Unterscheidung von Selbstkontrolle und Fremdkontrolle auch kollabiert. Instanzen der Fremdkontrolle sind im besten Fall so sehr von dem komplexen Interessenmix der Universität imprägniert, dass sie auch Institutionen der Selbstkontrolle sind, und es sind diese dualen Strukturen, in denen das Außen immer auch ein Innen ist, die als ein System der *checks and balances* die Entwicklungsdynamik autonomer Universitäten vielleicht am besten steuern.

Axel Meyer

## ***Brain-Drain*** **und** ***Brain-Gain***

Wie Deutschland seine Chancen als Land der Wissenschaft verpasst

Dies ist keine soziologische Abhandlung, sondern eher ein wissenschaftspolitischer Hilferuf, motiviert aus der persönlichen Sorge um den Wissenschaftsstandort Deutschland, weil wir zu viele Wissenschaftler verlieren, insbesondere ins englischsprachige Ausland.

Ich möchte mich auf einen Aspekt der deutschen Forschungslandschaft konzentrieren, den ich für besonders schwierig und nachteilig halte – den *Brain-Drain*.

Denn wir treten zu viele kluge Köpfe an unsere wissenschaftliche Konkurrenz im Ausland ab und schaffen es nicht, in genügendem Maße Spitzenforscher als Studenten oder Professoren nach Deutschland zu locken. Der jährliche Verlust besteht aus etwa 150.000 Facharbeitern und Akademikern. Dies sehe ich als eines der größten Probleme des Wissenschaftsstandortes Deutschland.

*I.*

Wissenschaft, und damit meine ich insbesondere die Naturwissenschaft, befindet sich längst in einem internationalen Wettbewerb um die klügsten und fleißigsten Forscher der Welt. Für Stellen in der Universitätsverwaltung reicht eine Anzeige in der Lokalzeitung, für die besten Doktoranden, Postdoktoranden und Professoren muss man freie Stellen unbedingt auch in internationalen Zeitschriften und Internetforen platzieren. Allein diese Erkenntnis den Personal- und Haushaltsabteilungen zu vermitteln, ist ein Kampf, denn diese wollen und müssen Geld sparen. Der plötzliche Zustrom von viel Geld durch die Exzellenzinitiative in das bisher generell unterfinanzierte deutsche Universitätssystem hat dazu geführt, dass händeringend mit sehr teuren Anzeigen nach Doktoranden und Postdoktoranden international gesucht wurde. Es gibt schlicht nicht genug qualifizierte junge Forscher auf dem nationalen deutschen Markt, um all die neuen Stellen sofort zu besetzen. Viele Exzellenzcluster und *Graduate Schools* können gar nicht schnell genug Stellen qualifiziert vergeben und müssen dank unsinniger Haushaltsjahrregelungen den ungenutzten Teil der Mittel an die Deutsche Forschungsgemeinschaft zurückzahlen.

*II.*

Wissenschaft ist ein internationales Geschäft. Das Wort »Geschäft« benutze ich ganz bewusst, denn auch die scheinbar nutzlose Grundlagenforschung kostet nicht nur viel Geld, sie schafft auch Arbeitsplätze, keine nur aus Steuergeldern bezahlten. Als Exportweltmeister verkaufen wir Waren ins Ausland. Leider exportiert unser Land aber auch immer noch viele unserer klügsten Köpfe, mit großem Verlust. Denn diese sind hier kostenfrei ins Gymnasium gegangen und haben hier (fast) kostenfrei studiert, bevor sie mit der Folge abwanderten, dass ihre Intelligenz nun zum wissenschaftlichen Ruhm und Wirtschaftswachstum anderer Länder beiträgt. Dies verursacht pro ausgewandertem Wissenschaftler hunderttausende Euro durch die Auslagen, die die Schul- und Universitätsausbildung und die Forschungsstipendien den Steuerzahler gekostet haben. Der Schaden für die Volkswirtschaft ist enorm. Ein probates Mittel wäre, die Nutznießer deutscher Stipendien, mit denen sie im Ausland studieren, vertraglich dazu zu verpflichten, ihre Stipendien an die Forschungsförderungsinstitutionen zurückzuzahlen, wenn sie nicht innerhalb eines angemessenem Zeitraumes (vielleicht 5–10 Jahre nach dem Ende des Stipendiums) nach Deutschland zurückkehren. So würde zumindest der finanzielle Verlust für die Volkswirtschaft reduziert. Solche Arrangements haben im Übrigen auch viele Länder (meist Schwellenländer, die auch viele Wissenschaftler verlieren) schon implementiert.

*III.*

Es ist unverhältnismäßig viel schwieriger, Gehälter für Postdoktoranden bei der Deutschen Forschungsgemeinschaft als Gelder für Doktorandenstellen einzuwerben. Das ist kurzsichtig und führt zur forcierten Abwanderung von Doktoranden ins Ausland, denn eine Weiterfinanzierung als Postdoktorand in Deutschland ist oft schlicht nicht möglich. Allerdings gibt es von einer relativ großen Anzahl nationaler und zunehmend auch internationaler Förderinstitutionen Gelder und Stipendien, mit denen sie außerhalb Deutschlands weiterforschen können. So werden sie geradezu aus dem Land hinaussubventioniert. Im Prinzip ist dies auch gut so, denn es ist immer eine wissenschaftliche und kulturelle Horizonterweiterung, einige Zeit forschend im Ausland zu verbringen oder in einem international bekannten Labor oder einer Eliteuniversität gearbeitet zu haben. Ohne diese Erfahrung würde man, vielleicht berechtigterweise, auch nur geringe Chancen haben, eine Professur in Deutschland zu erhalten. Allerdings gibt es nur verhältnismäßig wenige Möglichkeiten, durch Stipendien, Stellen oder gar die notwendigen Dauerstellen deutsche Postdoktoranden zurückzuholen oder selbst internationale Postdoktoranden einzustellen. Was also gebraucht wird, sind weniger Doktorandenstellen als vielmehr eine finanzielle Umschichtung für mehr Postdoktorandenplätze und Assistenzprofessuren mit Aussicht auf Festeinstellung, mit denen wir die Forscher mit Auslandserfahrung oder auch ausländische Forscher längerfristig in unser akademisches System integrieren könnten.

*IV.*

Es gibt etwa 30.000 Professoren in Deutschland. Mit den Vereinigten Staaten, neben der Schweiz und England der Hauptimporteur deutscher Akademiker, und deren mehreren tausend Universitäten und Colleges können wir es nicht aufnehmen.

Früher kam die Intelligenz der Welt, um bei uns zu studieren. Hier wurde in den ersten Jahrzehnten des letzten Jahrhunderts die beste Forschung gemacht, man sammelte Nobelpreise zuhauf. Deutsch war eine internationale Wissenschaftssprache, die zweite neben Englisch. Und mehr deutsche Institute als heute genossen Weltruhm. Beginnend mit der Zeit des Nationalsozialismus geriet Deutschland im internationalen Wettbewerb um Spitzenforscher auf die Verliererseite. Ab 1933 verlor Deutschland die jüdischen Forscher, weil sie entlassen, ins Exil getrieben oder ermordet wurden. Von diesem Verlust an Top-Wissenschaftlern hat sich Deutschland bis heute nicht erholt.

Englisch ist heute die alleinige Lingua franca der Wissenschaft, und das wird auch nicht mehr zu ändern sein. Ein Schritt in Richtung größerer internationaler Attraktivität deutscher Universitäten wäre eine konsequentere Ausrichtung der Forschung und Lehre auf Englisch, zumindest in den Naturwissenschaften.

Die Vereinigten Staaten gewannen unterdessen immer mehr als internationaler Anziehungspunkt für Forscher. Das Land ist weiterhin akut abhängig von ausländischen wissenschaftlichen Zuwanderern, denn es wollen auch dort zu wenige Inländer Wissenschaftler werden. Eine solche Situation droht auch uns, aber ohne dass wir durch attraktive Universitäten dazu imstande wären, ausreichend wissenschaftliche Migranten anzuziehen. Dies liegt sowohl am immer noch anhaltenden Imageverlust, aber auch an der forschungsfeindlichen Gesetzgebung, beispielsweise im Bereich der Genforschung oder der Atomenergie, und an der fehlenden Flexibilität und Freiheit. Deutschland steht im Ruf, überbürokratisch, zu hierarchisch und xenophob zu sein, die Sprachbarriere ist ebenfalls nicht hilfreich. Die Gehälter sind im Vergleich zu amerikanischen Spitzenuniversitäten zu gering, die beamtenrechtliche Gleichmacherei erlaubt keine angemessene Belohnung der Erfolgreichen. Ausländische Forscher fühlen sich hierzulande nicht so oft heimisch wie in akademischen Metropolen der Vereinigten Staaten.

*V.*

Der deutsche Steuerzahler ermöglicht den *Brain-Drain*, denn unsere Steuern subventionieren die amerikanische Forschung direkt, da die meisten abwandernden Jungforscher typischerweise zunächst mit deutschen Stipendien versorgt und nicht aus amerikanischen Quellen bezahlt werden. Insofern wird die amerikanische Forschung durch deutsche Steuermittel subventioniert. Es sind die besten Studenten, die nach Amerika gehen. Ihre Exzellenz haben sie durch den Erwerb eines Stipendiums bewiesen. Mehr als 30 Prozent von ihnen bleiben für immer im Ausland, vor allem weil es nicht genug Stellen an deutschen Universitäten gibt. Sicherlich profitiert Deutschland von den Rückkehrern, die im Ausland dazugelernt haben. Aber dieser Profit (in Form von Geld oder Wissen) ist geringer als der Verlust, den die wissenschaftlichen Emigranten darstellen. Deutschland ist zwar ein Immigrationsland geworden, aber die Immigranten sind meist eher schlechter ausgebildet als die akademischen Emigranten, die das Land verlassen. Es geht darum, die zur Ausbildung eingereisten Ausländer zu halten und zugleich die Deutschen nicht zu verlieren oder zur Rückkehr zu bewegen. Ein möglicher Beitrag dazu wäre es, einen Teil der Mittel, die heute für Auslandsstipendien aufgewandt werden, in neue Stellen an den Universitäten zu investieren, dann hätten wir – kostenneutral – weniger *Brain-Drain* und mehr *Brain-Gain*.

*VI.*

Gleichzeitig reden wir unsere Institutionen höheren Lernens permanent schlecht. Dabei sind nur vielleicht die Top 20 der Universitäten in den Vereinigten Staaten wirklich besser als unsere, die sich in ihrer Qualität noch nicht allzusehr voneinander unterscheiden. Auch Deutschland würde sehr an internationaler Anziehungskraft gewinnen, wenn es auch nur eine Handvoll international anerkannter Eliteuniversitäten vom Rang eines Harvard, Princeton oder Cambridge hätte. Es kostet aber Zeit und nicht nur viel Geld, so eine Reputation aufzubauen und kann nicht per Fingerstreich aus Berlin oder Bonn entschieden werden. Die Masse der amerikanischen Universitäten ist aber schlechter als die deutschen. Der Durchschnitt also ist hier besser als auf der anderen Seite des Atlantiks, aber es fehlen die echten Eliteuniversitäten. Kein Wunder, dass deutsche Studenten in den USA gerne als Doktoranden oder *Postdocs* aufgenommen werden, insbesondere wenn sie auch noch mit Stipendien des deutschen Steuerzahlers finanziert werden.

Die Finanzkrise, die auch unseren Universitäten noch härtere Zeiten bescheren wird, hat die amerikanischen Universitäten schon jetzt getroffen. Die meisten staatlichen Universitäten der USA haben bereits für 2009 zehn- bis zwanzigprozentige Haushaltskürzungen angekündigt. Selbst in einer der besten öffentlichen Universitäten der Welt, der *University of California*, drohen allen Professoren Gehaltskürzungen um acht Prozent allein in diesem Jahr; viele nicht fest angestellte Mitarbeiter werden entlassen. Aber auch manche der reichen privaten Universitäten haben Einstellungsstopps verhängt und Zukunftspläne auf Eis gelegt. Sie vergeben schon jetzt weniger Stipendien. Berkeley hat seine Studiengebühren als Folge geschrumpfter Einnahmen aus dem Anlagevermögen um 15 Prozent erhöht.

Die allermeisten deutschen Universitätslabors sind apparativ hervorragend ausgestattet, von den generös bestückten Max-Planck-Instituten gar nicht zu reden. Amerika hat massive Probleme in der Schulausbildung und mit den Universitäten, die die meisten Absolventen mit riesigen Schuldenbergen verlassen. Acht Jahre »Reign of Error« unter George W.[1] haben der Wissenschaft sehr geschadet. Immer mehr Geld wurde in nutzlosen Kriegen verbraucht, anstatt es zukunftsbildend anzulegen. Europa aber hat die Wettbewerbschance in den Bush-Jahren verpasst und nicht genügend Talente aus den USA zurückgeholt. Stattdessen haben wir uns mit bürokratischen Studienreformen befasst. Das Budget der großen Forschungsförderungsinstitutionen in den USA wurde unter dem neuen Präsidenten Obama jetzt bereits massiv erhöht. Damit schrumpft auch die Chance des alten Europas, die klugen Köpfe zurückzuholen.

*VII.*

Es gibt zwar Anzeichen, dass der aufgezeigte alarmierende Trend mittlerweile auch von Politikern erkannt wird. Dennoch scheint der Druck, immer mehr Schüler pro Jahrgang in den Universitäten auszubilden, noch immer stärker zu sein als der Wunsch, etwas gegen den Verlust der wirklich Begabten und ebenso gut wie teuer Ausgebildeten ins Ausland zu tun. Unlängst hat Peter Lawrence von der *Cambridge University* auf ein weiteres wichtiges Problem in Deutschland hingewiesen: Die Zwangspensionierung nach spätestens 67 Jahren.[2] In den USA darf seit 1994 niemand mehr wegen seines Alters entlassen werden. Hierzulande ist das nach dem Antidiskriminierungsgesetz zwar auch nicht erlaubt, aber die Realität ist eine andere: Aktive Forscher werden in die Zwangspensionierung geschickt oder begeben sich ins späte Exil in die USA, nach Australien oder sogar nach China. Unser Bildungssystem muss schnell reagieren. Sonst verlieren wir nicht nur zu viel junge Talente, sondern auch noch die besten Alten.

Christoph Möllers

## Kein Grundrecht auf Exzellenzschutz[1]

*I.*

Die sprachliche Präzision des Grundgesetzes ist bewundernswert: Während der erste Absatz des fünften Artikels unserer Verfassung garantiert, dass »jeder« ein Recht auf freie Meinung und Presse habe, wählt der dritte Absatz eine andere Formulierung: »Kunst und Wissenschaft, Forschung und Lehre sind frei.« Kein Individuum wird vom Text mit Freiheit bedacht, sondern verschiedene Institutionen. Nicht die Feier von Einsamkeit und Freiheit findet sich in diesen Zeilen, sondern – jedenfalls auf den ersten Blick – nüchterner Funktionsschutz. Weit weg von jeglichem Pathos scheint dem Parlamentarischen Rat die Konzeption eines Grundrechtsschutzes funktionaler Differenzierung vor Augen gestanden zu haben.

Nun wird auf den Wortlaut eines Grundrechts heute in der Rechtswissenschaft wie in der Verfassungsrechtsprechung nicht mehr allzu viel gegeben. Schon der Blick auf den Fall der Kunstfreiheit lehrt, dass auch eine funktionale Formulierung zu einem relativ streng individualistischen Grundrechtsschutz führen kann – und so ist weitgehend anerkannt, dass auch die Wissenschaftsfreiheit ein Jedermann-Grundrecht ist, auf das sich alle Menschen berufen können, die forschen oder lehren, in der Hochschule oder im Hobbykeller. Zudem steckt hinter dem so modern klingenden Verständnis eines Grundrechtsschutzes funktionaler Differenzierung nicht selten auch der gute alte deutsche Korporatismus. Geschützt werden Anstalten, die sich – wie ARD, ZDF, aber eben auch wie die deutsche Universität – das Beste aus beiden Welten holen: grundrechtliche Freiheit, die durch staatliche Zwangsabgaben finanziert wird. Trotzdem wird sich zeigen, dass die Formulierung des Grundgesetzes ihre eigene Richtigkeit hat.

Die Freiheit von Wissenschaft, Forschung und Lehre, die im Folgenden kurz und pauschal als Wissenschaftsfreiheit bezeichnen werden soll, war schon immer ein eigentümliches Grundrecht. Denn augenscheinlich begründet sie vor allem dort Schutz vor dem Staat, wo der Staat überhaupt erst das zu Schützende schafft. Ohne Wissenschaft keine Wissenschaftsfreiheit vor dem Staat; aber ohne Staat – zumindest in Deutschland – keine Wissenschaft. Doch umfasst die Wissenschaftsfreiheit nicht ihre staatlich zu garantierende Voraussetzung: Ein Grundrecht auf die Errichtung staatlich finanzierter wissenschaftlicher Institutionen kennt das Grundgesetz nicht. Wer in der heimatlichen Tiefebene eine Universität vermisst, hat kein Recht darauf, dass eine eröffnet wird. Erst wo der Staat einen Ort der Wissenschaft geschaffen hat, kann die Wissenschaftsfreiheit greifen. Auch der Privatgelehrte kann sich auf sie berufen, und die Fälle, in denen es dabei zu Konflikten kommen könnte, bleiben selten.

Die Erfinder der Wissenschaftsfreiheit in Deutschland, die Verfasser der Paulskirchenverfassung, dachten die Wissenschaftsfreiheit in jedem Fall noch klassisch liberal. Ihnen stand eine konkrete Bedrohung vor Augen: die politische Verfolgung von Wissenschaftlern und die politische Ächtung ihrer wissenschaftlichen Ergebnisse. So ging es im Jahr 1848 nicht um die Festschreibung der Humboldtschen Idee von Einsamkeit und Freiheit, sondern ganz schlicht um die Abwehr der Restauration. Bedeutend anders war die Perspektive der Autoren des Grundgesetzes auch nicht. Im Parlamentarischen Rat wurden die Modelle der Hochschulorganisation selbstverständlich nicht erst diskutiert und dann festgeschrieben. Auch hier hatte man vielmehr eine politische Verfolgungssituation vor Augen, deren Wiederholung überall, also auch in der Wissenschaft verfassungsrechtlich verhindert werden sollte. An diesen anti-autoritären und anti-totalitären Kern der Wissenschaftsfreiheit sollte man sich – bei aller Kritik an Hochschulreform und Exzellenzinitiative – immer mal wieder erinnern, bevor man das Grundgesetz gegen die Hochschulpolitik ins Feld ruft. Immerhin zeigen die jüngst vermehrt auftauchenden Versuche von Hochschulleitungen, den eigenen Wissenschaftlern öffentliche Äußerungen zu versagen, dass auch diese Seite der Wissenschaftsfreiheit nicht funktionslos geworden ist.

*II.*

Wo aber ist der Ort der Wissenschaft, an welche Struktur knüpfen wir die Wissenschaftsfreiheit an? Trotz der funktionalen Formulierung des Grundgesetzes ist der einzelne Forscher natürlich ein guter Kandidat für das richtige Zielsubjekt dieser Freiheit, ein anderer ebenso vielversprechender allerdings die Hochschule als Ganzes. Die Vorstellung, der Kern der Forschung liege im Individuum und dieses Individuum sei allein der Hochschullehrer, wurde lange Zeit im deutschen Verfassungsrecht vertreten. Diese Verbindung wurde so intensiv konstruiert, dass selbst die Rechte der Emeriti auf Mittel und Mitbestimmung in der Fakultät von manchen als verfassungsfest verstanden wurden: Ein Schritt zur Herrschaft der Toten über die Lebenden in der Universität. Trotzdem würden viele Wissenschaftler, unabhängig davon, ob sie den Status als Hochschullehrer vor sich hertragen oder nicht, die Individualität der Wissenschaftler als richtigen Ansatzpunkt für das Grundrecht bezeichnen.

In den siebziger Jahren, während einer der vielen Hochschulreformen, erfand das Bundesverfassungsgericht folgerichtig den »materiellen Hochschullehrer«, eine Konstruktion, die das Schutzgut der Wissenschaftsfreiheit mit dem Amt des Professors verband. Richtig daran war, dass die Selbstbeschreibung einer zu schützenden Tätigkeit verfassungsrechtlich zu respektieren ist. Wenn Wissenschaftler plausibel machen können, dass für sie Wissenschaft ein individuelles Unterfangen ist, steht es dem Staat im Prinzip nicht zu, dies einfach in Abrede zu stellen. Bedenklicher ist dagegen die Abhängigkeit der wissenschaftlichen Arbeit von einem bestimmten Status. Jeder Doktorand ist ein Wissenschaftler und dank der Organisationsreformen in der deutschen Universität nicht selten der Einzige in einer Einheit, der wirklich forscht. Die verfassungsrechtliche Zementierung der Ordinarienuniversität wird deswegen heute nur noch selten behauptet. Statt einer Entscheidung zwischen Individuum und Organisation, die der Struktur von Wissenschaft auch nicht gerecht würde, gibt das Verfassungsrecht im Prinzip individuellen Forschern, Fakultäten und den Hochschulen das Freiheitsrecht. Wenn alle über ein solches Recht verfügen, ist allerdings auch klar, dass dieses Recht nicht gleichzeitig die Beziehungen zwischen Individuum und Organisation festlegen kann.

*III.*

Wovor schützt dann aber die Wissenschaftsfreiheit? Recht schützt am besten gegen Recht. Wie alle Grundrechte schützt auch die Wissenschaftsfreiheit wirksamer gegenüber formellen als gegenüber informellen Beschränkungen. Als Wissenschaftler anerkannt, muss man sich von niemandem vorschreiben lassen, was man forschen soll. Der Vergleich zum Lehrer, der ohne Grundrecht auskommen muss, macht deutlich, dass es hier um keine triviale Garantie geht. Ausgreifende inhaltliche Reformen per Weisung sind der Universität nach wie vor fremd. Fälle, in denen individuelle Wissenschaftler um ihr ganz konkretes Recht auf Definition ihrer Wissenschaft streiten, sind selten. Und das Wissen um diese Zusammenhänge gibt namentlich den Hochschullehrern, ob zu Recht oder zu Unrecht, ein relativ stabiles Beharrungsvermögen gegenüber der Organisation.

Diese Gegenmacht hätte die beteiligten Reformer warnen müssen: Institutionell abgesicherte – und mitunter auch begründete – Beharrlichkeit gegenüber einer Organisation lässt sich nicht mit negativen, sondern nur mit positiven Anreizen überwinden. Auf die Frage, was denn für einen einzelnen Wissenschaftler durch die Exzellenzinitiative zu gewinnen sei, konnten die Organisatoren eigentlich nur denen plausible Antworten geben, die ohnehin bereits mit entsprechenden Strukturen vertraut waren. Dass das Engagement in der Exzellenzinitiative durchaus auch bei denen groß war, die von vornherein davon ausgingen, nichts für sich dabei gewinnen zu können, zeigt, dass Beharrung gar nicht das Ideal der von Politik und Hochschulleitungen mitunter misstrauisch beäugten Wissenschaftler ist. Vielmehr geht es eher darum, die Hand nicht völlig von der Bremse zu lassen, wenn andere in einen Geschwindigkeitsrausch verfallen.

*IV.*

Freilich bewahrt ein Recht, welches den eigenen Raum der Forschung schützt, kaum davor, dass das ganze Haus umgebaut oder abgerissen wird. Die Wissenschaftsfreiheit schützt die Praxis wissenschaftlicher Einrichtungen, aber nicht ihre Existenz und nicht ihre Kontexte: Die Systemtheorie hat uns gelehrt, dass eine Funktion von Organisationen darin besteht, folgenreiche Entscheidungen zu ermöglichen.

Eine Organisationsentscheidung wird dabei unmittelbar wirksam. Was auch immer die Organisation nach der Reform noch zustande bringt, sie wurde reformiert. Nicht zufällig besteht die Reform zum größeren Teil aus solchen Organisationsentscheidungen. Die Universitäten werden intern hierarchisiert, Präsidenten und Dekane zu machtvollen Ämtern ausgebaut. Nach außen werden die Hochschulen von staatlicher Aufsicht freigestellt, im eigenen Namen berufen sie Professoren und werden mit eigenen Globalhaushalten ausgestattet. Was bedeuten diese Entscheidungen für die Freiheit der Wissenschaft?

Sie dokumentieren zunächst die unvermeidliche Dialektik von Freiheit und Kontrolle. In der klassischen Aufsichtsstruktur kontrollierte der Staat die Universität, sicherte sie damit aber auch ab und entlastete sie. Heute soll die Universität alles selbst erledigen, das macht sie normativ freier, aber faktisch oftmals deutlich unfreier. Aus dem verschärften Zwang zur Selbstkontrolle und Selbstüberwachung, also aus dem Mehr der normativen Freiheit der Organisation folgt mindestens zweierlei: Zum einen, wie gesehen, eine starke interne Hierarchisierung. Auch wenn Freiheit in einer Organisation kein Nullsummenspiel darstellt, dürfte klar sein, dass der Zuwachs der Organisationsaufgaben nach innen zu verstärkter Kontrolle und damit zu einem Weniger an faktischer und normativer Freiheit der Individualforscher führt. Zum anderen produziert der Umbau eine Hybridisierung, eine Entgrenzung der Hochschulorganisation auf zwei Achsen. Dies gilt zunächst vertikal im Verhältnis zum Staat. Durch die Reform entstehen Gremien, die einerseits klassische Aufgaben des Staats übernehmen, namentlich die »Aufsicht« der Hochschulen, die aber andererseits organisatorisch zur Universität gehören sollen. Dies sind die viel zitierten Hochschulräte, die in allen Landeshochschulgesetzen vorgesehen sind. Sie haben ähnliche Aufgaben wie vormals die Ministerien und verstehen diese doch komplett anders. Sie sind nicht mehr zurückgenommene verbeamtete Kontrolleure, sondern dynamische Agenda-Konstrukteure. Dies hat deutliche faktische Konsequenzen, die die Selbstbestimmung von Wissenschaft zumindest auch begrenzt. Denn was auch immer Hochschulräte tun, Wissenschaft in einem verfassungsrechtlichen Sinn ist es nicht.

Neben der vertikalen lässt sich aber auch eine horizontale Entgrenzung erkennen: Die Universitäten verflechten sich mit anderen Forschungseinrichtungen, sie schaffen gemeinsame Gremien, beispielsweise mit der Max-Planck-Gesellschaft, und richten ihre Organisation nach der Förderpolitik der DFG aus. Vorstände von Sonderforschungsbereichen werden zu heimlichen Rektoren, Exzellenzcluster brechen die Fakultätsstruktur auf und stellen deren Anspruch, eine eigene Berufungspolitik zu definieren, in Frage.

Organisationstheoretisch wird man bemerken, dass die Organisation sich auf diese Weise stärker an der aktuellen Forschung auszurichten scheint – jedenfalls an dem Teil der Universität, der als erfolgreicher Forschungsstandort ausgewählt wurde. Umgekehrt mag man es auch für eine Stärke der klassischen dezentralen Universitätsorganisation mit schwachen Rektoren und Dekanen, einer starken Fakultätsstruktur und klaren Grenzen nach außen halten, relativ strukturneutral operieren zu können, also die aktuellen Forschungspräferenzen nicht gleich abzubilden, sondern wie ein Gefäß für neue Veränderungen in der Sache offen zu bleiben. Es wird wohl die größte organisatorische Herausforderung für alle als exzellent geförderten Universitäten darstellen, ihre eigene Veränderbarkeit unter Beweis zu stellen, wenn die Förderung durch die Exzellenzinitiative endet oder wenn sich herausstellt, dass ein neues Forschungsparadigma gefragt ist, welches von der aktuellen Exzellenzstruktur nicht mehr geliefert werden kann.

Weil öffentliche steuerfinanzierte Hochschulen zudem bei der freihändigen und flexiblen Vergabe von Mitteln an Grenzen stoßen, weil die Leitung auch in Zukunft nicht einfach auf die Schnelle Geld verteilen kann, wäre darüber nachzudenken, ob die alte Struktur für diese eingeschränkte Flexibilität nicht besser eingerichtet war.

Eine Organisation auf eine bestimmte Struktur einzustellen, ist nur zu empfehlen, wenn die Änderbarkeit im System hoch ist. Es bleibt auch hier für ein öffentliches Universitätssystem zu prüfen, ob sich die eigenen Strukturen nicht von vornherein auf die eigene Langsamkeit einstellen sollten. Insoweit erscheint die großzügige Förderung von Nachwuchs, selbst wenn dieser sich irgendwann in die USA verabschiedet, als besserer

Weg als der Ausbau dauerhafter Strukturen, die eigentlich nicht dauerhaft sein dürften.

Verfassungsrechtlich ergibt sich ein anderes Problem – übrigens kein sonderlich untypisches oder hochschulspezifisches – für das Verfassungsrecht der späten Moderne. Mit der doppelten Hybridisierung der Universität stellt sich nämlich die Frage nach dem Subjekt der Wissenschaftsfreiheit neu. Wir hatten gesehen, dass das Verfassungsrecht diese Frage von vornherein offen behandelt hat. Wissenschaftler, Fakultäten und Hochschulen genießen die Wissenschaftsfreiheit, sie sind ihre Subjekte. Konflikte zwischen ihnen sind deswegen nur selten unmittelbar aus der Verfassung zu lösen. Trotzdem halfen die früheren Grenzen der Organisation dabei, eben diese Subjekte zu definieren. Diese Formalisierungsleistung bleibt nun aus – darum sind alle genannten Phänomene der Hybridisierung auch verfassungsrechtlich umstritten. Die Wandlung der Hochschulorganisation entgleitet den Kategorien der Wissenschaftsfreiheit, und wo solche Unsicherheiten entstehen, lässt das Verfassungsrecht im Zweifel dem Gesetzgeber den Vortritt.

Was aber passiert mit der Wissenschaftsfreiheit, wenn die Neubesetzung einer Professur von der Zustimmung des Präsidiums und eines Hochschulrates abhängt, in dem pensionierte Rektoren, erfolglose Banker und ein paar andere Honoratioren sitzen? Was hat die Wissenschaftsfreiheit dazu zu sagen, dass die zugewiesene Grundausstattung in Krokodilfonds des Präsidiums verschwindet? Und was bedeutet es, wenn im Rahmen der Exzellenzinitiative Mittel an die Fakultäten verteilt werden, für deren Verstetigung nach fünf Jahren eben diese Fakultäten andere Einheiten auflösen müssen?

Die kurze Antwort lautet: nicht viel. Hält man sich zunächst ganz bieder an die Gerichte, so fallen zwei große Urteile aus jüngerer Zeit ins Auge, eines des Bundesverfassungsgerichts zum Brandenburgischen Hochschulrecht und eines des Bayerischen Verfassungsgerichtshofs zum dortigen Recht. Beide Urteile legen sich im Ergebnis größte verfassungsrechtliche Zurückhaltung auf. Die Strukturentscheidungen des Gesetzgebers wurden nicht – wie namentlich von den Hochschullehrern und ihren Verbandsvertretern erhofft und erwartet – im Namen der Wissenschaftsfreiheit aufgehoben. Grundsätzlich dürfte es zwar weiterhin einen Vorbehalt der wissenschaftlichen Selbstverwaltung geben. Im Ergebnis können deswegen die Leitungsorgane der Hochschulen nicht ohne Beteiligung von Wissenschaftlern gewählt werden. Aber dies verpflichtet lediglich zu Ableitungszusammenhängen, in denen Wissenschaftler in Gremien ihre Möglichkeiten zur Selbstorganisation an zentrale Instanzen abtreten müssen. Viel hängt in Zukunft selbstverständlich von Lernfortschritten im Umgang mit den neuen Strukturen ab. Aber dies ist kein Thema des Verfassungsrechts.

*V.*

Auch die Exzellenzinitiative selbst entzieht sich unter diesen Bedingungen weitestgehend den Grenzen der Wissenschaftsfreiheit. Ein von Bund und Ländern ausgelobter Wettbewerb zur Verteilung von Geld mag finanzverfassungsrechtliche Probleme aufwerfen, die Wissenschaftsfreiheit ist ihm gegenüber nur an einer Stelle wirklich sensibel: bei den Verfahren der wissenschaftlichen Qualitätsbeurteilung. Ein vom Staat vertretenes Werturteil über wissenschaftliche Qualität – und dies ist die Exzellenzinitiative ja über die bloße Verteilung von Geld hinaus – stellt einen Eingriff in die Wissenschaftsfreiheit dar. Dies ist sicherlich nicht verfassungsrechtlich ausgeschlossen, aber es ist ebenso unbestritten, dass es nur in einem wissenschaftsinternen Verfahren ohne politischen Zugriff zulässig ist. Hier liegt eine weiche Stelle im Verfahren der Exzellenzinitiative, um das sich viele Gerüchte ranken, das also nicht transparent und – vermutlich – auch nicht frei von politischer Einflussnahme (vulgo: Länderproporz) verlaufen ist. Ein Minister, der sich vor seinen Landtag stellen würde, um ohne validen Beleg zu verkünden, dass die Universität A wissenschaftlich »besser« sei als die Universität B, würde sicherlich die Wissenschaftsfreiheit verletzen. Im Exzellenz Verfahren scheint eine solche Verletzung nicht ausgeschlossen zu sein, auch wenn diese Erkenntnis praktisch kaum weiterführt. Weder kann eine Universität klagen, noch wird ein Gericht eine Beweisaufnahme über die Kamingespräche der Ministerpräsidenten erheben. Immerhin bleibt aus verfassungsrechtlicher Sicht festzuhalten, dass die verfahrenstechnischen Standards, nach denen Geld und Reputation verteilt werden, hier besonders hoch sein müssten, es aber faktisch nicht sind.

*VI.*

Nach alledem sollte die Wissenschaftsfreiheit als das gesehen werden, was Grundrechte eben sind, ein letztes Mittel, nicht aber ein Instrument zur Abwehr mittleren Ungemachs oder zur Vermeidung eigenen hochschulpolitischen Engagements. Die Vertreter der Wissenschaftler, insbesondere der Hochschullehrer, haben zu sehr darauf vertraut, das Verfassungsrecht würde ihre Probleme lösen – aber die »Lösung« des Verfassungsrechts lautet natürlich nicht selten: keine Veränderung. Wie die Kaninchen vor der Schlange warten der Hochschulverband und seine Klientel auf einen verfassungsgerichtlichen Rettungsschlag. Bis jetzt ist er nicht gekommen: Brandenburgs Hochschulreform war ebenso verfassungsgemäß wie diejenige Bayerns, Göttingen bleibt Stiftungsuniversität, und selbst die W-Besoldung steht noch, wenn sie nun auch einer verfassungsgerichtlichen Überprüfung entgegen sieht. Die immense Juristendichte in der Vertretung der Professoren und unsere etwas legalistische politische Kultur haben hier nicht nur falsche Erwartungen geweckt, sondern auch die politische Verantwortlichkeit der Wissenschaftler für die Universität zu sehr in den Hintergrund treten lassen. Zu dieser gehört es, für die Hochschule öffentlich zu werben und denjenigen, die sie finanzieren, den Steuerzahlern, zu erklären, wofür sich eine Gesellschaft auch Universitäten leisten sollte, deren Nutzen nicht so unmittelbar einleuchtet wie der einer berufsvorbereitenden Fachhochschule. Erst wenn Forschung und Lehre auch dem allgemeinen Publikum als ernstzunehmende Arbeit vermittelt werden kann, wenn das Unterrichten von Studierenden nicht mehr als reine Theorie und das Gewusel der Unis nicht mehr als »Elfenbeinturm« gilt, wird es das Minimalverständnis für den Universitätsbetrieb geben, das es der Wissenschaft ermöglicht, Interessen zu formulieren, ohne auf vermeintlich wohlerworbene Rechte zu pochen. Ein guter Wissenschaftler ist auch immer ein Lobbyist seiner Sache. Zu seinem veränderungsoffenen Wahrheitsanspruch gehört es auch, sich nicht in seinen Ansprüchen einzurichten.

Margit Osterloh und Bruno S. Frey

## Das *Peer Review*-System auf dem ökonomischen Prüfstand

Das Wissenschaftssystem in Deutschland, Österreich und der Schweiz ist zu einem hohen Ausmaß von *Peer Reviews* abhängig geworden, von der gegenseitigen Evaluation wissenschaftlicher Leistungen durch Kollegen. Die Karriere, insbesondere die Berufung zum Professor oder zur Professorin, sowie die Einwerbung von Drittmitteln hängt entscheidend vom Abschneiden im *Peer Review*-Prozess ab. Neuerdings wird auch die Besoldung von der Publikationsleistung abhängig gemacht. Inzwischen hat das *Ranking*- und *Rating*-System eine besondere Eigendynamik entfaltet, welche die Wissenschaft zunehmend einer externen Kontrolle unterwirft, die ihrerseits zumeist auf durch *Peers* begutachtete Publikationen beruht.

Gegenüber dem bisherigen Hochschulsystem stellen diese Entwicklungen Reformen dar, die durch leistungsorientierte Anreizsysteme gekennzeichnet sind. Universitäten, heißt es, sollen unternehmerischer werden. Will man die Erfolgschancen dieser Reformen einschätzen, sollte man die Unterschiede zwischen der Wissensproduktion in gewinnorientierten Unternehmen und dem durch öffentliche Gelder geförderten Wissenschaftssystem in Rechnung stellen.

### *Das Belohnungs- und Anreizsystem der Forschung*

Die Funktionalität eines wissenschaftlichen Belohnungs- und Anreizsystems zeichnet sich durch vier Merkmale aus:

(1) Ein funktionierendes *Peer Review*-System hat überragende Bedeutung für die Entwicklung und Beurteilung der Qualität von Wissenschaft und damit für das Belohnungs- und Anreizsystem. Nur Wissenschaftler können die Qualität von Wissenschaft beurteilen.

(2) In der Wissenschaft sollte der fixe Anteil des Einkommens hoch sein. Der Grund liegt in dem großen Risiko, nicht der oder die Erste bei einer Entdeckung zu sein. Die jeweils Zweiten können einen empfindlichen Verlust erleiden. Innerhalb von Forschungsteams sollten zudem hohe Lohndifferenzen vermieden werden, um die Kooperationsbereitschaft aufrechtzuerhalten. Empirische Befunde zeigen denn auch, dass hohe Lohndifferenzen die Teamproduktivität mindern. Dies gilt insbesondere in der Forschung.

(3) In der Wissenschaft spielt die nichtmonetäre Belohnung eine große Rolle. Es gibt einen »taste for science« (Robert K. Merton). Zwei nichtmonetäre Anreize sind besonders bedeutsam: Die Anerkennung durch die wissenschaftliche Gemeinschaft in Form von Preisen oder Ehrendoktoraten; für die meisten Wissenschaftler sind allerdings Publikationen und Zitationen die relevante Form der Anerkennung. Zum anderen ist die gewährte Autonomie ein zentraler Anreiz. Sie ist die wichtigste Voraussetzung für kreative Arbeit und hohen Forschungsoutput. Forscher nehmen Einkommenseinbußen in Kauf, wenn sie ein größeres Maß an Autonomie erhalten.

(4) Das im Vergleich zu anderen Arbeitsmärkten niedrigere Primäreinkommen an der Hochschule hat einen Selektionseffekt. Es zieht diejenigen an, die eine hohe Präferenz für Autonomie und Anerkennung durch die *Peers* haben – beides Voraussetzungen für eine erfolgversprechende wissenschaftliche Tätigkeit.

### *Das Peer Review-System auf dem Prüfstand*

Das traditionelle Begutachtungssystem steht schon seit geraumer Zeit aufgrund umfangreicher empirischer Evidenz auf dem Prüfstand. Die Kritik lässt sich folgendermaßen zusammenfassen: Die Übereinstimmung zwischen Gutachterurteilen ist gering. Bleiben die ablehnenden Gutachten unberücksichtigt, ist der Grad an Seriosität bei der Auswahl der Besten sogar minimal. Die Gutachten haben zudem nur eine geringe prognostische Kraft: Das Urteil, das die Gutachter über die Qualität eines Manuskriptes abgeben, korreliert nur äußerst schwach mit den späteren Zitationen. Außerdem beurteilen Gutachter Artikel besser, die ihre eigenen Arbeiten zustimmend zitieren. Entsprechend fühlen sich Autoren oft von Gutachtern gedrängt, ihre Manuskripte zu ändern, um die Akzeptanz bei den Gutachtern zu erhöhen, auch wenn diese Änderungen ihrer Überzeugung widersprechen. Nach einer Untersuchung von Bedeian gilt dies bei nicht weniger als 25 Prozent der Autoren.[1] Man kann ein solches Verhalten »akademische Prostitution« nennen. Das System der qualitativen *Peer Reviews* beruht mithin auf einer erstaunlich fragwürdigen wissenschaftlichen Grundlage.

Als Reaktion auf die Kritik an qualitativen *Peer Reviews* haben sich zunehmend quantitative, bibliometrische Verfahren etabliert, die auf Zitationsanalysen und *Impact*-Faktoren beruhen. Von quantitativen Methoden erhofft man sich zum einen, dass sie objektiver als qualitative Methoden sind, weil sie, so die Annahme, auf weitaus mehr Einschätzungen beruhen als die drei bis vier üblichen *Peer Reviews*, weil sie Begünstigungen durch *old boys' networks* vermeiden beziehungsweise kontrollieren; und weil sie nicht-reaktiv sind, das heißt keine Rückwirkungen auf den *Review*-Prozess haben. Zum anderen wird als Vorteil quantitativer Messgrößen angesehen, dass sie auch von Personen außerhalb der *Republic of Science* herangezogen werden können, insbesondere von fachfremden Kollegen, der Presse, der Wissenschaftsadministration und der Politik. Das erklärt die Beliebtheit bibliometrischer Verfahren als Grundlage von *Rankings* und *Ratings* und erklärt auch den Druck der Politik, *Rankings* beziehungsweise *Ratings* als Ausgleich für die größere Autonomie zu etablieren, die den Hochschulen neuerdings gewährt wird.

Allerdings sind die genannten Vorteile quantitativer, bibliometrischer Verfahren durchaus problematisch. Eine vorläufige Bestandsaufnahme der Probleme bibliometrischer Verfahren in der Literatur lässt drei Gruppen solcher Probleme unterscheiden, die kumulativ wirken.

Zum Ersten bilden dieselben *Peer Reviews*, deren Problematik überwunden werden soll, die Basis aller bibliometrischen Verfahren. Denn gezählt werden zumeist nur Veröffentlichungen in begutachteten *Journals*.

Zum Zweiten gibt es beträchtliche methodische Probleme.

(1) *Selektionsprobleme:* Bibliometrische Daten repräsentieren immer nur einen Teil des wissenschaftlichen Kommunikationsprozesses. Die Dominanz der Indizes hat dazu geführt, dass die Selektionskriterien, die Datenqualität und die Methoden der Datenaufbereitung dieser Indizes kaum mehr kritisch in die Einschätzung der Ergebnisse einbezogen werden.

(2) *Mangelndes Wissen über Zitier-Gewohnheiten:* Diese Gewohnheiten sind nicht nur in einzelnen Disziplinen, sondern auch in Subdisziplinen sehr unterschiedlich, sodass ein Vergleich bibliometrischer Daten schon innerhalb ein und derselben Disziplin problematisch sein kann. Darüber hinaus hängt die Zahl der Zitationen von der Erreichbarkeit der Quellen ab.

(3) *Mangelndes Wissen über die Art der Zitate:* Diese können eine zustimmende oder ablehnende Bedeutung haben. Mitunter folgt die Zitierweise einfach einem Herdenverhalten oder spiegelt die akademische Popularität von Star-Papieren wider. Viele Zitate werden nur deshalb eingefügt, um Gutachter freundlich zu stimmen. Simkin und Roychowdhury zeigen anhand einer Analyse übertragener Fehler, dass etwa 70 bis 90 Prozent aller zitierten Papiere vermutlich gar nicht gelesen wurden.[2]

(4) *Irreführung durch den Impact-Faktor:* Die relative Bedeutung einer wissenschaftlichen Zeitschrift, gemessen an der Häufigkeit, mit der diese Zeitschrift andernorts zitiert wird, besagt nicht, dass die in ihr veröffentlichten Artikel diesem Durchschnitt entsprechen. Adler, Ewing und Taylor stellen denn auch in einem Gutachten für die *International Mathematical Union* fest, dass die Verwendung von *Impact*-Faktoren zu großen Fehlerwahrscheinlichkeiten führen könne und »atemberaubend naiv« sei.[3] Angesichts dieser methodischen Probleme erstaunt die geringe Übereinstimmung der verschiedenen *Rankings* nicht. Für die Ökonomik haben Ursprung und Zimmer gezeigt, dass im einflussreichen *Ranking* deutscher akademischer Ökonomen, die das »Handelsblatt« vornimmt, jede dritte der einbezogenen Personen an die Spitze vorrücken könnte, wenn man die Methode ändert.[4]

Die dritte Problemgruppe ist zugleich diejenige, die am wenigsten diskutiert wird. Bibliometrische Verfahren geben Wissenschaftlern und wissenschaftlichen Institutionen einen starken Anreiz, sich strategisch zu verhalten. Es soll hier nur ein

Beispiel genannt werden: Hochschulen in Großbritannien und den USA engagieren hochbezahlte Forscher-Stars, insbesondere kurz vor Evaluationen, um in *Rankings* und *Ratings* gut abzuschneiden. Die dafür aufzuwendenden Mittel werden eingespart, indem weniger Nachwuchskräfte eingestellt und gefördert werden und die Anzahl der *Postdocs* je Vollprofessur wächst.

Quantitative Evaluationskriterien bergen immer die Gefahr in sich, dass infolge ihrer Nutzung professionelle ethische Normen erodieren. Hochgradig verzerrend ist auch der *multiple tasking effect*: Komplexe Aufgaben sind durch eine große Anzahl verschiedener Kriterien gekennzeichnet, die sich unterschiedlich gut quantifizieren lassen. In der Folge werden sich die Evaluierten in erster Linie an den leicht messbaren Kriterien orientieren und die schwer messbaren außer Acht lassen, obwohl diese häufig die wichtigeren sind.

Im Hochschulbereich bedeutet dies, dass vielfach Qualität und Innovativität auf dem Altar der Quantität von Publikationen geopfert oder dass Forschungsmittel verschwendet werden. Forscher wenden die »Salamitaktik« an, indem sie neue Ideen oder interessante Datensätze so dünn wie Salamischeiben aufschneiden und anbieten, um die Anzahl der Publikationen zu maximieren. Dieses Verhalten wird verstärkt, wenn monetäre Belohnungen an die Zahl von Publikationen geknüpft werden. Konventionelle oder modische Ansätze werden vorgezogen, weil sie wenig Widerspruch hervorrufen und leichter zu veröffentlichen sind. Dies führt zu einer Homogenisierung der gesamten Forschung, wie dies bereits für *Business Schools*[5] und die Volkswirtschaftslehre[6] nachgewiesen wurde. Die Orientierung an *Impact*-Faktoren bewirkt überdies, dass kleinere, spezialisierte und nicht-englischsprachige Zeitschriften an Attraktivität verlieren. Wird die Veröffentlichung in Zeitschriften mit hohem *Impact*-Faktor als Kriterium für die Beurteilung von Fachbereichen herangezogen, werden letztendlich weniger Wissenschaftler eingestellt, die Randbereiche vertreten und in solchen kleineren Spezialzeitschriften publizieren. Schließlich werden nur noch erfolgreiche Tests publiziert und negative Ergebnisse verschwiegen oder gar beseitigt, weil sie sich schlechter publizieren lassen. Dies widerspricht dem Ideal einer Wissenschaft, welche die Falsifikation von Hypothesen als ihre Kernaufgabe ansieht. Lernen aus den Fehlern der Forschungsgemeinschaft ist nicht mehr möglich. Eine weitere, indirekte Folge der Orientierung an Quantität anstelle schwer messbarer Qualität ist die wachsende Last der Begutachtung und der damit einhergehenden Wahrscheinlichkeit, dass die Qualität der Gutachten sinkt. Gutachten werden immer häufiger an weniger qualifizierte Forscher weitergereicht, die nicht in der Lage sind, die Innovativität einer Arbeit richtig einzuschätzen.

Vielen Forschern und Forschungsinstitutionen wie zum Beispiel dem deutschen Wissenschaftsrat gelten darum *informed Peer Reviews* als Königsweg, die Kombination also aus quantitativen und qualitativen Evaluationsverfahren. Bibliometrische Verfahren sollen qualitative *Peer Reviews* korrigieren und ergänzen. Jedoch ist es keineswegs sicher, dass eine Kombination quantitativer und qualitativer Kriterien zum Beheben der Fehlerquellen führt. Ebenso gut ist möglich, dass diese Kombination bei fahrlässigem Gebrauch der Kriterien kumulativ oder sogar multiplikativ wirkt. Die Indikatoren haben dann eine beachtliche, nicht kontrollierte Hebelwirkung.

### *Wirkungen einer Verstärkung monetärer Anreize*

Die deutschsprachigen Länder sind im Begriff, das *pay for performance* in das Hochschulsystem einzuführen, beispielsweise durch die sogenannte W-Besoldung in Deutschland. Aus den geschilderten Besonderheiten der Wissensproduktion in der Forschung ergeben sich jedoch vier schwerwiegende Einwände gegen diesen Schritt.

(1) *Die Ungleichheit zwischen den Einkommen wächst:* Diese Ungleichheit bewirkt, dass die für wissenschaftliche Arbeit zunehmend wichtiger werdende Teamproduktion gefährdet wird. Auch das geschilderte opportunistische Verhalten von Gutachtern und Autoren dürfte Auftrieb erhalten.

(2) *Der risikobehaftete Anteil des Einkommens wächst:* Unterstellt wird, dass monetäre Anreize Anlass geben, die Anstrengung in die erwünschte Richtung zu verstärken. Diese Annahme hat sich schon im Bereich der Management-Entlohnung als äußerst fragwürdig erwiesen.

(3) *Der Anreiz zu strategischem Verhalten wächst:* Wird das monetäre Interesse von Forschern gestärkt, dann sollte damit gerechnet werden, dass ökonomisch denkende Forscher ihr Einkommen mit jenen Mitteln aufzubessern suchen, die am wenigsten Aufwand erfordern, also gerade nicht durch Investition in innovative Forschung. Der Anreiz nimmt zu, das System der Erfolgszuschreibung für sich zu instrumentalisieren. Dadurch entsteht ein *Lock-in*-Effekt, der es auch Kritikern dieses Systems immer schwerer macht, sich ihm zu entziehen.

(4) *Intrinsische Motivation wird verdrängt:* Monetäre Anreize können unter bestimmten Bedingungen die für die Forschung entscheidende intrinsische Motivation verdrängen. Außerdem kann auch eine verstärkte extrinsische Motivation den Verlust an vormals gegebener intrinsischer Motivation nicht ausgleichen. Dieser Effekt führt zugleich zu einer Verringerung der empfundenen Autonomie. Intrinsische Motivation kann deshalb in erster Linie durch Erhöhung der Autonomie gesteigert werden. Eine »Leistungsentlohnung« hingegen entzieht den Wissenschaftlern das Vertrauen, eigenverantwortlich eine große Leistung zu erbringen. Diese Misstrauenskundgebung verringert die Loyalität gegenüber der beschäftigenden Institution.

*Ein radikaler Vorschlag*

Angesichts der schwerwiegenden Mängel des *Peer Review*-Systems stellen wir einen radikalen Vorschlag zur Diskussion. Er besteht aus drei Komponenten:

(1) Die Rücknahme von *pay for performance* im Wissenschaftssystem: Ein hoher variabler Anteil des Einkommens widerspricht den Besonderheiten der Wissensproduktion in der Forschung. Er erhöht das ohnehin hohe Risiko des Misserfolges, verringert die Bereitschaft zur Wissensweitergabe im Team, steigert den Anreiz, die Schwächen des *Peer Review*-Systems strategisch auszunutzen, verdrängt die intrinsische Motivation und unterminiert insgesamt den Forschungsdrang. Hingegen sind die positiven Anreizwirkungen der W-Besoldung äußerst ungewiss.

(2) Die Eindämmung der Abhängigkeit vom *Peer Review*-System: Im derzeitigen System sind Forscherkarrieren total und

lebenslang von einem fehlbaren *Review*-System abhängig. Diese Abhängigkeit wird durch den »Evaluations-Hype« und durch steigende Drittmittelanteile an den Forschungsressourcen noch gesteigert. Der Einfluss der *Peer Reviews* lässt sich eindämmen, wenn die Forschenden und Lehrenden sorgfältig sozialisiert und ausgelesen werden und ihnen anschließend ein hoher Grad an Autonomie gewährt wird. Bei dieser zukunftsorientierten Strategie müssen durchaus qualitative und quantitative *Peer Review*-Verfahren zum Einsatz kommen. Dies sichert bei aller Fehlbarkeit des *Peer Review*-Systems, dass Standards der Wissenschaftlichkeit erfüllt sind, und gibt Hinweise auf das Potential der Kandidaten. Im Anschluss an die Ernennung zum Professor, die nach strengen Kriterien zu erfolgen hat, muss aber darauf vertraut werden, dass die berufene Person die erwarteten Leistungen auch ohne ständige Kontrolle erbringt. Dadurch wird die für die Wissenschaft unerlässliche Autonomie zumindest ab der Berufung auf eine volle Professur gewährleistet. Deshalb sind Berufungsverfahren das mit Abstand wichtigste Geschäft einer wissenschaftlichen Institution. Dabei ist durchaus mit einer gewissen Varianz zu rechnen. Manche der Ausgewählten werden in ihrer Leistung nachlassen, andere hingegen werden durch den gebotenen Freiraum beflügelt und zu Spitzenleistungen motiviert. Das Prinzip der strengen Auslese und der anschließenden Gewährung von Autonomie ist in den »Leuchttürmen der Wissenschaft«, wie beispielsweise der Harvard-Universität, selbstverständlich.

Forscher durchlaufen eine ungewöhnlich lange Selektions- und Sozialisationsphase, in der ihre Autonomie eingeschränkt ist. Auch nach deren Abschluss müssen sie sich bei jeder beabsichtigten Publikation und bei jedem Forschungsantrag erneut dem Urteil der *Peers* unterwerfen. Aber erstens wird durch eine Schwerpunktverlagerung von *Peer Reviews* in den frühen Phasen einer Karriere die Abhängigkeit stark reduziert. Zweitens wird der Druck zur Produktion quantitativ messbaren Outputs gemildert und damit auch die Belastung der Gutachter. Drittens wird der Einfluss beherrschender Indizes abgebaut und mittelbar die Gefahr der Homogenisierung der Forschung durch das Regime der *Impact*-Faktoren gemindert.

(3) Die Finanzierung der Forschung ist wieder zu einem höheren Anteil durch Grundausstattungen und zu einem gerin-

geren Teil durch Einwerbung von Drittmitteln zu gewährleisten: Auch diese Maßnahme verringert den Einfluss der *Peer Reviews*. Sie verhindert darüber hinaus das Entstehen ineffizienter und die Vielfalt reduzierender *research empires*. Zusätzlich wäre eine größere Dezentralisierung und Vielfalt von Fördereinrichtungen jenseits der dominierenden Deutschen Forschungsgemeinschaft wünschenswert.

Aus diesen Annahmen resultieren zwei Vorschläge, die über die Abschaffung von *pay for performance* und die verringerte Abhängigkeit vom *Peer Review*-System hinausgehen.

1. Das Ausmaß an regelmäßigen Evaluationen von Individuen ist zu reduzieren. Es schränkt die Autonomie ein, insbesondere wenn sie zu häufig und zu eng geführt werden. Der Aufwand ist groß, größer noch sind die verborgenen Kosten, die durch reaktives Verhalten der Evaluierten entstehen.

2. Die Evaluationen von Institutionen, die zur Verteilung von Ressourcen unvermeidlich sind, sind in erster Linie prozess- und nicht outputorientiert durchzuführen. Sie sollten sich dabei auf folgende Fragen konzentrieren: Ist ein sorgfältiger Prozess der Sozialisation und Selektion der Wissenschaftler gesichert? Ist ein hoher Grad an Autonomie im Forschungsprozess gewährleistet?

Ein nach diesen Gesichtspunkten gestaltetes Anreizsystem hat der deutschsprachigen Wissenschaft zu Beginn des 20. Jahrhunderts Weltgeltung verschafft. Ihr Ruf wird derzeit massiv durch ein Anreizsystem beeinträchtigt, das mit dem Charakter von Forschung unvereinbar ist. Die Anreize für kreative Forschung werden untergraben. Unsere Vorschläge können zwar nicht vollständig das verlorengegangene Vertrauen in die Selbststeuerungsfähigkeit der Wissenschaft wiederherstellen, aber sie können gute Voraussetzungen dafür schaffen, dass die Attraktivität des deutschen Wissenschaftssystems für eigenständige und originelle Forscher wieder zunimmt.

Ulrich Schollwöck

## Professor Stachanov geht an die Börse: Irrungen und Wirrungen im Reich der Forschungskennziffern

In der Nachtschicht zum 31. August 1935 baute der Minenarbeiter Alexei Stachanov in einer Kohlenzeche des Donbass binnen fünf Stunden und 45 Minuten 102 Tonnen Kohle ab und erreichte damit mehr als das Vierzehnfache seiner im Plan festgelegten Arbeitsnorm. Diese titanenhafte Leistung ließ die Welt aufhorchen: Bereits am 16. Dezember 1935 fand sich der Held der sozialistischen Arbeit auf dem Titelbild des amerikanischen *Time Magazine*. Was war da im Sowjetreich der allgemeinen Gleichheit und planwirtschaftlichen Lenkung geschehen?

Wirtschaftlichen Schwierigkeiten, denen sich die Sowjetunion zu diesen Zeiten vor allem aufgrund der Kollektivierung der Landwirtschaft und einer forcierten Gleichmacherei gegenübersah, sollte durch eine Mobilisierungskampagne der Leistungselite begegnet werden. Für diese wählte man den Minenarbeiter Stachanov aus, der planmäßig seinen Rekord aufstellte. Auf diesen Rekord aufbauend formierte sich eine ganze Bewegung von stachanovschen Normübertreffern, die propagandistisch gebührend in Szene gesetzt wurden, um trägere Sowjetmenschen zu inspirieren.

Das Ende der Stachanov-Bewegung kam jedoch bald: Die einseitige Orientierung an Quantität führte zu einem völligen Verfall der Qualitätsstandards – es wurde aber nicht nur zunehmend Ausschuss produziert, auch die Rekordzeche erfüllte ihr Jahressoll nicht und die Produktionssteigerung blieb marginal.

Auch in der Marktwirtschaft versucht man in regelmäßigen Abständen, durch neue Managementmethoden Leistungssteigerungen aus dem System zu quetschen: flache Hierarchien, Profitcenter, Synergiegewinn, Kerngeschäft.

So verwundert es nicht, wenn auch das Management von Wissenschaft und Forschung Modewellen folgt, zugegebenermaßen mit der gewissen zeitlichen Verzögerung, die es braucht, bis neue Managementkonzepte in den Verwaltungsetagen der Universitäten angekommen sind. So hat der Wechsel vom Glauben an den steuernden Eingriff des Staates hin zum Glauben an die Macht des freien Marktes schließlich zu Beginn dieses Jahrtausends Einzug in deutsche Universitäten gehalten. Hatte man sich über Jahrzehnte hinweg in ein Wohlfühlkartell gleichwertiger Universitäten und Wissenschaftler hineingelogen – mit dem Konzept einer Eliteuniversität oder einer Kohorte besonders zu fördernder Spitzenforscher hätte man sich früher in vielen wissenschaftspolitischen Debattierzirkeln ins Abseits befördert –, so wurde schon vor der Exzellenzinitiative durch Forschungsrankings aller Art sowie leistungsorientierte Bezahlung und Mittelzuweisung alles anders: Der Markt, das freie Spiel der Kräfte, war angekommen.

Glaubt man also an die Relevanz des Marktes für die Forschung, stellt sich die interessante Aufgabe, die bei staatlich betriebener, haushaltsgebundener, auch allgemeinen gesellschaftlichen Zielen unterworfener Forschung wohl fast unvermeidlichen planwirtschaftlichen Elemente mit denen des Wettbewerbs zu verbinden, also eine Art von wissenschaftspolitischer Perestroika zu vollbringen. Dieser Markt funktioniert nicht von selbst, er will künstlich simuliert werden.

Es muss also der Wert der Ware Forschung festgestellt werden, ein anspruchsvolles Unterfangen, sind sich Mikroökonomen doch schon seit Jahrzehnten einig, dass es Güter gibt, die nicht so leicht bewertet werden können, weil eine direkte Zuweisung von Aufwand und Nutzen an einzelne Marktteilnehmer nicht möglich ist.

Bewertung hat also im weitesten Sinne »wissenschaftsadäquat« zu sein; da die Forschenden bei Unzufriedenheit auf die grüneren Wiesen anderer Wissenschaftssysteme im Ausland ausweichen könnten, müssen sie wenigstens marginal bei Laune gehalten werden. Damit die Forscher sich nicht untereinander zerfleischen und die Telefone der Sachbearbeiter nicht von beleidigten, ja demontierten Professoren belagert werden, sollte wenigstens der Anschein von Objektivität gegeben sein. Der Vermittelbarkeit nach innen steht natürlich auch eine Vermittelbarkeit nach außen gegenüber, zu den Hochschulleitungen und

Hochschulräten bis hin zum Ende der intellektuellen Verwertungskette: Auch Hinterbänklern im Bundestag muss erklärt werden, warum die Wahlkreisuniversität von Moordorf nicht ganz so exzellent ist wie die im benachbarten Karlsruhe.

Was also tun? Die ersten zur Forschungsbewertung herangezogenen Kritierien sind naheliegenderweise die für die Forschung verausgabten, von dritter Seite zur Verfügung gestellten Finanzmittel. Naheliegend deshalb, weil bei der seit Jahrzehnten anhaltenden Unterfinanzierung deutscher Hochschulen jeder Groschen willkommen ist; aber auch, weil man argumentieren kann, es müsse gut sein, was andere bereits für gut und förderungswürdig befunden hätten. Die Drittmittelerfolge der einzelnen Hochschulen werden daher alljährlich in Hitparadenform präsentiert. Damit auch der letzte Professor begreift, was auf dem Spiel steht, werden an vielen Hochschulen leistungsabhängige Gehaltsbestandteile ausschließlich an den Drittmittelerfolg gekoppelt. Nichts gegen leistungsabhängige Bezahlung, auch nichts gegen die aufoktroyierten illusionären Versprechenswelten, in denen sich viele Forscher wiederfinden: aber vielleicht sollte man sich an die letzte noch vollen Respekt genießende Institution des Landes, das Bundesverfassungsgericht, halten. Bereits in einer frühen Phase der »Rankeritis«, nämlich am 26. Oktober 2004, hat das höchste Gericht festgestellt, dass das Grundgesetz zwar kein Verbot enthalte, bei der Mittelverteilung an die Bewertung wissenschaftlicher Qualität anzuknüpfen. Angemahnt wird in der Entscheidung aber eine wissenschaftsadäquate Bewertung der Leistung: Eine Bewertung allein oder ganz wesentlich anhand eines einzigen Kriteriums, etwa eingeworbener Drittmittel, werde dem grundrechtlich geforderten wissenschaftsadäquaten Evaluationsprozess nicht gerecht.

Diese Einsicht scheint bei vielen Universitätsleitungen noch nicht angekommen zu sein, auch wenn sich einige mittlerweile auch um eine Bewertung der erbrachten Leistung bemühen, die sich in vielen Fächern in Form von Publikationen niederschlägt. Während sich Drittmittel in Euro und Cent beziffern lassen, ist das mit den Publikationen nicht so einfach. In den Geisteswissenschaften wiegt das Buch am schwersten, in den klassischen Naturwissenschaften der Zeitschriftenaufsatz, in der Informatik der referierte Konferenzbeitrag. Selbst wenn man sich auf die

Naturwissenschaften beschränkt, auf die die typischen Bewertungsmodelle noch am besten passen, bleibt es schwierig. Hier greifen vor allem Mediziner gerne zum *Impact*-Faktor der Zeitschrift, das heißt, sie fragen, wie oft Beiträge in der jeweiligen Zeitschrift im Mittel zitiert werden. Zur Bewertung des dort publizierenden Individuums lässt sich kaum ein unnützeres Kriterium finden, denn eine einzeln herausgegriffene Arbeit in einem Topjournal findet unter Umständen viel weniger Beachtung als eine in einem weniger renommierten Journal – am Ende ist die Streuung der Relevanz innerhalb einer Zeitschrift doch größer als jene zwischen den Zeitschriften.

Also wendet man sich der Zitatezahl zu und bewertet den Wissenschaftler nach seinem persönlichen *impact*. Schon besser, aber auch nur auf den ersten Blick: Wie oft hat er nur sich selbst zitiert? Wie groß war bei Artikeln mit mehreren Autoren sein Beitrag? Wie groß sind die jeweiligen *communities*, die entscheidend die Zahl denkbarer Zitate limitieren? Hat etwa in der Physik ein Theoretiker einen marginalen Beitrag zu einem grandiosen und daher viel zitierten Experiment geleistet? Wie vergleicht man Autoren unterschiedlichen Alters und mit daher auch typischerweise stark unterschiedlichen Publikationszahlen? Was wertet man höher: die eine bahnbrechende Arbeit, die zu den meistzitierten Arbeiten ihres Gebiets gehört, oder eine Vielzahl von sehr gut zitierten Arbeiten, die in der Summe genauso viel Zitate erbracht haben?

Während dieses Kriterium also den offensichtlichen Vorteil hat, der Willkür oder der kontextuellen Interpretation Tür und Tor zu öffnen (je nach Blickwinkel), ist es auf den zweiten Blick in der gekonnten Anwendung sehr zeitraubend. Erfreulicherweise wurde in einer Zeit, in der es von Bestenlisten wimmelt, von Wissenschaftlern selbst Abhilfe geschaffen, in Gestalt des Hirsch- oder verkürzt *h*-Index. Dieser wurde vor vier Jahren von dem in Kalifornien lehrenden theoretischen Physiker Jorge Hirsch eingeführt, der sich mit dem kleinen *h* unsterblich gemacht hat. Man zählt seitdem, wie viele Publikationen *h* ein Wissenschaftler hat, die mindestens *h*-mal zitiert worden sind. Diese Kennzahl ist durch entsprechende Anordnung der meistzitierten Arbeiten so trivial zu ermitteln, dass sie innerhalb kürzester Zeit vom *web of science* integriert wurde und sich binnen Monaten unverlangt auf Bewerbungsschreiben von Wissenschaftlern wiederfand. Mittlerweile ist sie in Teilen der Naturwissenschaften schon zum Standardmaß des wissenschaftlichen Kampfgewichts geworden, so wie die Zahl der Loren in der Kohlenzeche. Ein wahrlich eindrucksvolles Beispiel von Selbstorganisation in komplexen Systemen und von vorauseilendem Gehorsam. Jorge Hirsch liefert auch gleich noch die Geweihendenzahl mit, die man etwa für den *Fellowship* der Amerikanischen Physikalischen Gesellschaft oder die Wahl zum Mitglied der *National Academy of Sciences* erreicht haben sollte.

Ganz klar wird durch dieses Kriterium ein guter Publikationsschnitt höher eingestuft als wenige, geniale Arbeiten. Es ist daher exzellent für das deutsche Forschungssystem, dem international attestiert wird, viel Gutes, aber wenig Exzellentes hervorzubringen. Natürlich werden durch dieses Instrument Ältere den Jüngeren bevorzugt. Gut für ein Forschungssystem, dem generell Altersfreundlichkeit attestiert wird. Ebenso kann man durch Selbstzitate den einen oder anderen kleinen Betrug wagen.

Gerade am entscheidenden Anfang einer wissenschaftlichen Karriere ist der Hirsch-Index klein und damit solchen statistischen Schwankungen unterworfen, dass es vollkommen fahrlässig ist, diesen für Bewertungen heranzuziehen. Es gibt daher auch bereits Folgepublikationen, gerade auch aus Deutschland, die versuchen, durch Verfeinerungen alle Ungerechtigkeiten zu beseitigen und allen Fährnissen und Karrierevariabilitäten eines Wissenschaftlerlebens Rechnung zu tragen. Womöglich blicken wir also einer blühenden Forschung und Kommentierung zum Hirsch-Index entgegen, die uns den einen oder anderen Lehrstuhl wert sein sollte, wenn wir schon in einem Forschungsgebiet an der Weltspitze stehen. Immerhin kann man an mindestens einer deutschen Universität einen Master in Wissenschaftsevaluation erwerben.

Offensichtlich ist es also doch fragwürdig, die Leistung eines Forschers oder eines Fachbereichs in nur eine einzige Zahl zu gießen. Daher ist der Wissenschaftsrat dazu übergegangen, detailliert Kennziffern zu erheben und diese dann eher bewertungslos in ihrer Vielfalt zu publizieren, sodass sich jeder seinen Reim machen kann. Derartige *Ratings* haben zum Beispiel in der deutschen Chemie die Forschung in den letzten Jahren über die Monate hinweg lahmgelegt, die das Bereitstellen auch obskurster Parameter und das Abfassen von Selbstanpreisungen eben benötigen. Man mag angesichts der damit verbundenen Zeitverschwendung nur hoffen, dass die Resultate höhere Relevanz haben als die *Ratings* der Kreditwürdigkeit bekannter Großbanken wie *Lehman Brothers.* Insofern hat die um einer Reputationssteigerung des Prozedere willen betriebene begriffliche Anlehnung an die bis vor kurzem als so professionell geltenden Verfahrensweisen der Finanzwirtschaft beinahe schon etwas Tragikomisches.

Um die Unsinnigkeit des Kennzahlwahns in all seinen Nuancen zu illustrieren, wird gerne der allgegenwärtige Einstein angeführt. Er publizierte zwar überaus Wichtiges, aber eben nur recht wenig – ein Versager nach Maßstäben des Hirsch-Index. Seine Drittmitteleinwerbung tendierte gegen Null, auch Schüler brachte er kaum hervor. Immerhin hätte er bei einer reinen Zitatzählung gut ausgesehen! Natürlich kann man ihn als Einzelfall abtun und zu Recht darauf hinweisen, dass statistische Kennzahlen immer nur für die Bewertung des Durchschnitts optimal funktionieren. Und genau hier liegt das Dilemma: Ein auf den Durchschnitt und die Masse optimiertes Verfahren wird nur Durchschnitt und Masse produzieren. Aber wahre Innovation kommt seit jeher von den Rändern des Leistungsspektrums: Ein in vielen Lebensbereichen und insbesondere in der Forschung empirisch erhärtetes Gesetz der Statistik besagt, dass (zum Beispiel) Leistungsverteilungen in der Forschung exponentiell über die Leistungserbringer verteilt sind, grob veranschaulicht: 1 Prozent aller forschenden Physiker erbringen 90 Prozent der Innovation, 10 Prozent bringen 99 Prozent und die restlichen 90 Prozent nur 1 Prozent. Auch in der Evolution kommt der genetische Fortschritt fast nie aus dem Durchschnitt des variablen Genpools, sondern von dessen Rändern.

Über die Beförderung des Durchschnitts hinaus gibt es natürlich auch bei Kennzahlensteuerung einen Echo-Effekt. Unterschätzt wird, dass es sich bei Wissenschaftlern um hoch lernfähige und adaptionsfähige Organismen handelt. Generell führt der Druck zu mehr und mehr Drittmitteleinwerbung zu dem in Deutschland oft als Ausweis wissenschaftlicher Exzellenz missverstandenen Phänomen der »großen Gruppe«: Um das vereinnahmte Geld auch auszugeben, werden mit den Themen oft restlos überforderte Doktoranden eingestellt, die man besser ins Berufsleben entlassen hätte, anstatt sie beschäftigungstherapeutisch über mehr oder weniger unspannende Fragen promovieren zu lassen. Hier manifestiert sich, wie ein Mehr an Quantität in ein verheerendes Weniger an Qualität umschlägt. Der Lehrstuhlinhaber selbst, den Mitarbeitern und den Forschungsinhalten aufgrund seiner Managertätigkeit mehr und mehr entrückt, präsentiert auf internationalen Konferenzen den ihm vorher noch schnell zugesteckten PowerPoint-Vortrag, in der Hoffnung, bei der anschließenden Diskussion nicht zu oft auf »ask my student who really did the work« ausweichen zu müssen, wobei, wie es scheint, auch das irgendwann nicht mehr wehtut.

Weniger empirisch erhärtet ist im Moment der Verdacht, dass mancher Forscher an entscheidenden Karrierepunkten mit geschickt platzierten Selbstzitaten dem eigenen Hirsch-Index um den einen oder anderen Punkt nach oben verhilft. Das Aufspalten wissenschaftlicher Arbeit in mehrere »kleinste publizierbare Einheiten« zum Aufbessern der Publikationsstatistik ist dagegen schon seit vielen Jahren gängige Praxis.

Es ist natürlich leicht und im Kollegenkreis immer gern gesehen, über die Fehler der Organisationen und Verwaltungen herzuziehen. Stattdessen sollte man sich durchaus auch einmal mit der Arbeit von Berufungskommissionen auseinandersetzen, die die Schlüsselaufgabe einer Hochschule verrichten: die Besten zu finden, an die das Staffelholz weitergereicht werden soll. Immer häufiger werden da beim Schwur reine Kennziffern in Stellung gebracht. Wenn über diese geistige Zahlungsunfähigkeit hinaus dann zum Beispiel auch noch für Lehrstühle »Mindest-Hirsche« verlangt werden von Lehrstuhlinhabern, die diese selbst deutlich verfehlen, tritt zur intellektuellen noch die moralische Unredlichkeit.

Um sich aus diesem Morast von Statistikfixiertheit und Zahlenmanipulation zu befreien, wird es nicht genügen, ein wenig an der einen oder anderen Stellschraube zu drehen. Forscher selbst, die schließlich als Evaluatoren, Gutachter, Kommissionsmitglieder an allen Stellen kollaborieren, sollten sich auf allen Ebenen wieder konsequent auf die geistige Auseinandersetzung mit der wissenschaftlichen Leistung anderer ohne Geweihendenzählerei einlassen. Der inhärenten Unredlichkeit der Kennzahlen, dem Ungeist, den sie verbreiten, sollten gerade Hochburgen des Geistes entgegentreten, als die wir uns Universitäten wünschen.

Hochschulverwaltungen etwa könnten darüber nachdenken, wie gut arbeitende Berufungskommissionen Forscher gewinnen können, deren Leistung, so man sie nur machen lässt, alles übertrifft, was durch ständigen Kennzahlenfetischismus aus dem Durchschnitt herausgelockt werden kann. Im Gespräch mit Kollegen an verschiedenen Universitäten in Deutschland will mir scheinen, dass der Druck auf den Forscher durch die Hochschulleitungen oft in inversem Verhältnis zum tatsächlichen *Standing* der Universität steht. Die Besten werden aber vermutlich nicht an Hochschulen forschen wollen, wo schon bei den Berufungsverhandlungen deutlich wird, dass Forschungsergebnisse nichts, Leistungsparameter alles sind.

Förderorganisationen sollten wieder stärker den einzelnen Forscher als Zentrum des Erkenntnisgewinns gegenüber den sicher unentbehrlichen, aber in den letzten Jahren allein seligmachenden Forschungsverbünden herausstellen. Auf politischer Seite schließlich könnte man sich vor Augen führen, dass hektisches Drehen an Kennzahlschrauben und die Erwartung immer höherer, rein formal zu erbringender Leistungen mit der impliziten Unterstellung, die Wissenschaftler seien faule Säcke, die ohne Prügel nicht forschen würden, zu keiner besseren Forschung führen: Die Stachanov-Bewegung scheiterte auch daran, dass die vorhandene Infrastruktur höhere Leistung nicht hergab oder durch höhere Leistung erst zuschanden gemacht wurde. Nach Jahrzehnten der Unterfinanzierung deutscher Universitäten sind die Sparorgien, die im Moment an vielen Exzellenzuniversitäten im Gange sind, um die befristeten Impulse der Exzellenzinitiative mühsam aus eigener Kraft und aus dem laufenden Betrieb heraus mit einer längerfristigen Perspektive zu versehen, wenig überraschend. Sollte man nicht einmal mit diesen Kennzahlen beginnen?

Jürgen Kaube

## Exzellenz per Beschluss

### *Von der Elite zur Exzellenz*

Die Formel von Politikern und Lobbyisten, beispielsweise Wissenschaftsfunktionären, dafür, dass sie nicht genau wissen, was sie tun und getan haben, lautet: Wir sind auf einem guten Weg. Sind wir aber nicht. Die eingeleiteten Maßnahmen ergeben eine abstruse Mischung aus den negativen Erscheinungsformen von Sozialismus und Kapitalismus. Wir tun nur so, als entwickelten wir uns auf die richtige Art und Weise. Wir simulieren es nur. Wir simulieren Elite. So wie wir auch Markt simulieren, indem wir Studiengebühren staatlich festsetzen. Oder »Qualitätskontrolle«, indem wir Forscher, die wir soeben erst eingestellt haben, unmittelbar danach in »Evaluationen« durch an den Haaren herbeigezogene Gremien daraufhin beurteilen lassen, ob sie es überhaupt wert sind, gefördert zu werden. Oder indem wir Exzellenzwettbewerbe ausrichten, nach denen Abermillionen an Finanzmitteln danach vergeben werden, wer die schönsten und eigens für die Schönheitskonkurrenz produzierten Pläne (»Zukunftskonzepte«) vorlegt. Bekanntermaßen sind es aber nicht Pläne, die Berkeley und Oxford, Zürich und Stockholm bedeutend gemacht haben, sondern Taten, Geduld, lokales Traditionsbewusstsein, vernünftige Klassengrößen, Leistungsorientierung und Geld, das auch wirklich da vorhanden ist, wo es sinnvoll genutzt werden kann.

Wir aber prämieren Projekte und Anträge, wogegen im Einzelnen nichts zu sagen ist, im Ganzen aber schon, wenn das Projektemachen und Anträgeschreiben dadurch zur Hauptbeschäftigung wird. Bei den Vorstellungen, Versprechungen und Erwartungen sind wir aber unsicher. Zunächst ging es um »Eliteuniversitäten«. So lautete die unbedachte Formulierung, als im Januar 2003 aus der SPD der Vorschlag kam, man müsse etwas für die deutsche Wissenschaft tun. Als es konkreter wurde – was in Deutschland auch heißt: als Bund und Länder darüber stritten –, zerfiel der Begriff aber schnell. Denn der erste Teil des Wortes macht die Politiker schon deshalb argwöhnisch, weil sie selbst sich ungern der Frage ausgesetzt sehen, ob es sich bei ihnen selbst um eine Elite handelt. In Deutschland pflegt man einen tautologischen Elitenbegriff: Wer es bis nach ganz oben geschafft hat, gehört zur Elite. Weil die Meriten, die einer vorweisen muss, um voranzukommen, aber keinesfalls auf Bildung oder Herkunft bezogen sind, fehlt dem Begriff in der Diskussion über die Universitäten jede Materialität. Elite ist dann allenfalls noch ein rein statistisches Konzept, mit dem das Ausmaß ermittelt werden kann, in dem sich Organisationen an ihrer Spitze willkürliche Personalentscheidungen leisten. Eine tatsächlich soziale Form mit verdichteter Interaktion quer zu gesellschaftlichen Funktionsbereichen und über Regionen hinweg, ist die so verstandene Elite nicht. Den Teilnehmern der Elitedebatte ist das insofern bewusst, als ja fast alle von ihnen selber nie an Eliteuniversitäten studiert haben, sondern mehr oder weniger ungern an ganz normalen. (Es wäre lohnend, einmal die maßgeblichen Politiker zu fragen, woran sie sich erinnern, wenn sie an ihre Studienjahre denken.)

Vom zweiten Teil des Begriffs, »Universitäten«, haben die meisten der Politiker darum seit längerem den Eindruck, dass er Orte bezeichnet, die man, sofern man kann, möglichst bald wieder verlassen sollte, um andernorts Karriere zu machen: ungeliebte Orte, nur notgedrungen aufgesuchte, bürokratische, überfüllte.

Völlig unbrauchbar für die hiesige Bildungs- und Wissenschaftspolitik wurde das Wort »Eliteuniversität« aber durch den Singular und damit die Zumutung, es würde jemand ausgeschlossen. Im Föderalismus kann es den Singular nicht geben, und selbst die Absicht, bestenfalls einem Dutzend Hochschulen einen Spitzenstatus zuzuschreiben, ließ sofort den Wunsch laut werden, die Gleichheit der Studierverhältnisse müsse dabei aber garantiert bleiben, es dürfe keine Hochschulen zweiter Klasse geben, die Einheit von Forschung und Lehre gelte für alle.

Also wurde aus »Eliteuniversität« etwas anderes: »Exzellenzinitiative«. Das bedeutet nicht dasselbe. Denn Elite und Universität sind Begriffe, die in erster Linie zu Lehre und Erziehung passen. Die Exzellenzinitiative hingegen bezog sich von vornherein nur auf Forschung. Ein Bewusstsein davon, dass die Forschungsförderung nur einen Teil und nicht einmal den Kern der Universitäten stärkt, fehlt allerdings. Wer in England, Frankreich oder den Vereinigten Staaten, also in jenen Ländern, die angesprochen werden, wenn hierzulande nach Beispielen für herausragende Universitäten gesucht wird, wer dort also von Elite spricht, denkt nicht zunächst an Wissenschaftler. Sondern an von Wissenschaftlern ausgebildete Nichtwissenschaftler. Und wenn man von der tragenden Struktur der Universität spricht, dann meint man dort Einrichtungen, die sich acht bis zehn Semester lang um solche Studenten kümmern. Und kümmern, das heißt prüfen, auf Begabung hin beobachten, anregen. Aber an dieser Funktionsstelle hatten sich die deutschen Gremien ja für Bologna entschieden, also gerade für Nichtelite, Nichtexzellenz. Wäre es nicht so ernst, man könnte es für eine Komödie halten: Im selben Moment, in dem man im Bereich des Studiums die Universitäten dazu anhält, inklusiver zu werden, verlangt man ihnen im Bereich der Forschung Exklusivitätsprogramme ab und spricht von Leistungsdifferenzierung. Sie sollen Massen- und Spitzen-, Ausbildungs- und Forschungsuniversitäten zugleich und zu konstanten Kosten sein.

### *Das unendliche Selbstgespräch der Kommissionen*

Aus dem abstrakten Gedanken, zusätzliche Forschungsmittel könnten gute Universitäten stärken, entwickelte sich ein Verfahren mit drei Förderstufen. Mit anderen Worten: Man traute in Deutschland selbst den Universitäten, die man dann schlussendlich zu Spitzeneinrichtungen erklärte, nicht zu, selbst darüber zu entscheiden, auf welche Weise sie Fördermittel verwenden möchten. Stattdessen gab man die Etablierung von Graduiertenschulen, interdisziplinären Forschungsverbünden und großformatigen Zukunftsplanungen mit jeder Menge Gründungen universitätsinterner »Zentren« vor. Damit wurde die Tendenz verstärkt, Universitäten zu Behörden zu machen, die einen wesentlichen Teil ihrer Kraft und ihres Budgets in Antrageschreiben investieren. So kam es zu mehreren Bewerbungsschritten und einem aufwendigen Begutachtungsverfahren: Erst Antragsskizzen, dann die Aufforderung an ausgewählte Kandidaten, die Anträge auszuarbeiten, dann ein Beschluss über diese Anträge und schließlich eine zweite Runde, in der sich dies alles noch einmal wiederholt. Dieselben Wissenschaftler, die von Bologna-Studienreformen, Evaluationen, Akkreditierungen und dem normalen Drittmittelgeschäft schon recht zermürbt und von dieser Art der Nichtforschung ermüdet wirkten, wurden also mit einer zusätzlichen Form der Meta-Tätigkeit beglückt. »Jetzt muss ich mir schon wieder etwas ausdenken«, seufzte ein hochdekorierter und dem eigenen Gefühl nach mit Forschungsmitteln bereits gesättigter Professor. Dieses weitverbreitete Gefühl, zu müssen ohne zu wollen, kommt dabei aus dem an deutschen Universitäten offenbar zwanghaften Trieb zum Mitmachen.

Jene drei Förderstufen geben ein getreues Abbild der herrschenden Meinungen darüber, was eine Universität zu einer guten Universität macht. Da sind zunächst die Graduiertenschulen, die mit jeweils einer Million Euro fünf Jahre lang gefördert werden. Was »Schule« dabei heißen soll, bleibt aber völlig unklar. Wenn die Universität Bielefeld es mit einer »Bielefeld International Graduate School in History, Sociology and Politics« auf die Kandidatenliste geschafft hat, in Gießen ein »International Graduate Centre for the Study of Culture« gegründet wurde, und in Göttingen eine »Graduiertenschule für Geisteswissenschaften und Theologie«, dann ist man auf die Abgrenzung vom Titel »Graduate School of Anything« gespannt.

Der auffälligste Effekt der Graduiertenförderung ist jedoch ein beispielloser Ansturm auf förderungswillige Doktoranden. Schon zuvor gab es mehr Geld als Ideen für Qualifikationsarbeiten. Die Stipendien waren auf der Suche nach Ideen, nicht die Ideen auf der Suche nach Stipendien. Jetzt aber ist an den exzellenzbegünstigten Universitäten eine geradezu fieberhafte Suche nach jungen Leuten ausgebrochen, die sich zum Promovieren überreden lassen, damit die beantragten Stellen auch besetzt werden und das Geld nicht wieder zurückgegeben werden muss, was zwar nicht wissenschaftlich, aber symbolisch von Schaden wäre. Für welchen Arbeitsmarkt dabei Nachwuchs heranpromoviert wird? Jedenfalls nicht für den wissenschaftlichen, denn es gibt die Positionen nicht, in die jene Nachwuchsexzellenzkohorte anschließend einrücken könnte. Auch hier also folgt die Wissenschaftspolitik, und zwar sowohl von Politiker- wie von Funktionärsseite (Hochschulrektoren, Wissenschaftsrat, Deutsche Forschungsgemeinschaft), blinden Wachstumsimperativen.

Bei den sogenannten »Exzellenzclustern« folgt sie neben den »Mehr ist besser als weniger«-Annahmen der zweiten wissenschaftspolitischen Ideologie unserer Tage, der geplanten Interdisziplinarität. »Vernetzung« lautet die pauschale, aber falsche Formel. In den Geistes- und Sozialwissenschaften zumindest, denen eine besinnungslose Mimikry an die Naturwissenschaften abverlangt wird, ist das Gegenteil der Fall: Mehr Besinnung auf die Erfordernisse der Disziplin, die Pflege ihrer Standards und eine Stärkung der Forschungsfreiheit von Individuen, die nicht ständig auf Zwangskontakte in Großprojektkulissen verpflichtet werden, wäre hier wünschenswert. Es gibt ganze Fächer, die über kein Bewusstsein ihres Erkenntnisstandes mehr verfügen – man denke an die Germanistik, die Soziologie, die Philosophie oder die Erziehungswissenschaften –, denen man aber statt des Rückgewinns eines solchen Bewusstseins lieber nahelegt, sich in unverbindlichen Themenverbünden des Typs »Emotion«, »Kultur und Integration« oder »Normativität« zu engagieren, Themenbündeln, die, weil sie Forschungen übergreifen, bis dato nichts miteinander zu tun hatten, naturgemäß fast nie beantwortbare Forschungsfragen haben, sondern nur einen Titel. Das schließt nicht aus, dass es in solchen Umgebungen gelingenden Erkenntnisgewinn gibt. Aber den hätte es auch ohne die Titelsetzungen gegeben.

Die Zeit und Energie, die auf das Entwerfen solcher Einrichtungen wie Graduiertenschulen und Exzellenzcluster verwandt wird, hat noch nie jemand berechnet. Insofern muss zur Beschreibung ihrer Folgen jene anekdotische Evidenz genügen, die aus Mitteilungen von Verantwortlichen hervorgeht, die berichten, seit sie zur »Exzellenz« erklärt worden seien, hätten sie nicht mehr geforscht, sondern nur noch Immobilien gesucht, im Wettbewerb um die Exzellenz angelaufene Reziprozitätsschulden abgedient – »hast Du für mich gegutachtet, gutachte ich jetzt für Dich« –, Stellenbeschreibungen entworfen und Bewerbungsverfahren durchgeführt sowie sich an inneruniversitären Abstimmungskonferenzen beteiligt. Dass die Universität durch die Exzellenzinitiative mit sich selbst ins Gespräch gekommen ist, wäre eine freundliche Beschreibung dieser Folgen.

Schließlich, das Wort »Kulisse« ist schon gefallen, die sogenannte dritte Säule des Wettbewerbs, die Zukunftskonzepte. Hierbei handelt es sich um die strukturell unwichtigste, symbolisch aber dominante Gewinnklasse. In ihr konnte man für verblasene Aussichten wie die, eine »internationale Netzwerkuniversität« werden zu wollen, also für Rephrasierungen dessen, was alle von sich behaupten, belohnt werden. Dort, wo es nicht um reine Sprüchemacherei ging, fließen die Mittel vor allem in Verwaltungsstellen, Koordinatorenposten, Zentren zur Beförderung des Nichtkerngeschäfts und in Kompensationsveranstaltungen. Entsprechend hat jetzt auch praktisch jede in dieser Dimension erfolgreiche Exzellenzuniversität ein »Institute for Advanced Studies« mit ähnlichen Knappheitsproblemen wie die Graduiertenschulen: So viel Höchstreputation auf der Suche nach Denkpause (Pause zum Denken) wie inzwischen eingerichtete Stellen dafür gibt es gar nicht. Zuerst zehrt man also Zeit und Kraft für Lehre und Forschung durch Studienreformen, Beantragungszwänge, immerwährende Kommissionstätigkeit und Abstimmungslasten auf – um dann kompensatorische Strukturen einzurichten, von »Opus magnum«-Ferien bis zu Wissenschaftskollegs und reinen Forschungsprofessuren. Das Analogon im Bologna-Bereich ist die unendliche Verkomplizierung der Studienplanungsfragen mit anschließendem Etablieren von Beratungsstellen, die aus Studiengebühren finanziert werden.

### *Bundesliga-Atmosphäre*

Die Illusion der Exzellenz wird vor allem auf dem Wege der Beschäftigung des dafür eigentlich in Frage kommenden Forscherpersonals mit Exzellenzverwaltungsfragen hergestellt. Nicht also, dass es in Deutschland keine herausragenden Forscher gäbe und dass sie sich nicht zuweilen sogar verdichtet an einzelnen Universitäten einfänden. Es war auch vor dem Verfahren jedem Interessierten durchaus klar, dass München,

Aachen, Freiburg und Konstanz im Durchschnitt ziemlich gute Hochschulen sind. Doch der Entschluss, an den deutschen Universitäten strukturell nur im Zuge der Bologna-Reform etwas zu ändern, ansonsten aber nur auf der Ebene von zusätzlicher Mittelvergabe und symbolischen Auszeichnungen zu operieren, macht die Prätention des Aufholens gegenüber Universitäten wie Princeton, dem MIT oder Harvard, der ETH Zürich, Cambridge oder der London School of Economics zur bloßen Phrase.

Dass man es nicht ernst meint mit der Pflege hochleistungsfähiger Wissenschaft, zeigt sich dabei nicht nur an den nachgerade primitiven Vorstellungen davon, worin sie besteht und was sie benötigt. Die Wissenschaftspolitik ist darüber hinaus nicht bereit, den Preis für eine solche Pflege zu bezahlen, weshalb sie der Illusion anhängt, dass es einen solchen Preis gar nicht gibt, sondern die Exzellenz auf dem Wege einer Ausschreibung praktisch umsonst zu haben ist und gewissermaßen bloß entdeckt werden muss.

Nicht nur der ehemalige Vorsitzende der Hochschulrektorenkonferenz Gaethgens, sondern viele Stimmen erklären, der sogenannte Exzellenzwettbewerb dürfe keine Verlierer haben. Es wäre allerdings der erste Wettbewerb der Menschheitsgeschichte, für den das zuträfe. Man müsste nachgerade den Begriffsinhalt von »Wettbewerb« ändern. Der Reflex sitzt tief: Die Absicht der Exzellenzinitiative, das Hochschulsystem nach Leistungsfähigkeit zu differenzieren, soll gelten, aber keine echten strukturellen, bleibenden Folgen nach sich ziehen, denn diese widersprächen dem Phantasma von der Gleichheit der Forschungs- und Studierverhältnisse. Die Lösung dieses unlösbaren Paradoxes heißt »Bundesliga-Atmosphäre«: Die Exzellenzpositionen sollen einerseits vergeben, andererseits nicht festgeschrieben werden, sondern gemäß der Hintergrundvorstellung eines staatlich veranstalteten, aber tatsächlich mittels eines auf der Ausbeutung von Eigenressourcen der Wissenschaft beruhenden Verfahrens, im Rahmen von wiederkehrenden Auf- und Abstiegsrunden wandern. Was andernorts Ergebnis von Evolution ist, soll hier das Resultat von Kommissionsbeschlüssen sein. Wieso lacht eigentlich niemand, wenn so etwas mit aufgesetzt dynamischem Gesicht von Funktionären vorgetragen wird?

Zugleich dürfen die Wettbewerbsgewinner nicht hoffen, dass ihnen bei den für die Exzellenz einer ganzen Universität entscheidenden Variablen mehr Freiheitsspielräume gegeben werden. Eine solche Variable wäre der sogenannte Betreuungsquotient, wären die Curricularnormwerte, die regeln, wie viele Zulassungen ein Fach hinnehmen muss, wäre die Art der Vertragsgestaltung mit Professoren, wären die Lehrdeputate. Aber den Preis, einige Universitäten, auch was ihre Lehre angeht, zu besonderen Orten zu machen, will man politisch nicht bezahlen. Nicht einmal die Universitäten selber fordern das. In einer Mischung aus gespielter Dummheit und tatsächlicher Ahnungslosigkeit hat der Rektor der Münchner Ludwig-Maximilians-Universität, der Ökonom Bernd Huber, einmal die Frage danach verneint, ob sein Haus nunmehr, nach erlangtem Exzellenzprädikat, sich als Forschungsuniversität verstehe. Nein, denn es gebe ja nach wie vor die Studierenden und die Lehre, und beide seien genauso wichtig wie die Forschung. Fasst man es? Fasst man, dass ein Exzellenzfunktionär den Unterschied zwischen einer Forschungsuniversität – oder in der Sprache seines Faches *research university* – und einem Max-Planck-Institut nicht kennen will? Dass er sich dumm stellt? Fasst man den Mangel an Gefühl für den Anspruch, der im Begriff »Forschungsuniversität« steckt, nämlich den Willen, nur so viele Studierende und Promovierende pro Professor beziehungsweise Forscher auszubilden wie es sich mit hohen Qualitätserwartungen verträgt?

Ja, man fasst es, denn um wirklich überrascht zu sein von dieser anschauungs- wie gedankenfreien Einstellung zur Universität als Organisation, dazu begegnet man ihr zu oft. Wir können alles, lässt die deutsche Universitätsleitung wissen: Forschung und Lehre vertragen sich bei uns problemlos, Wachstum und Höchstleistung, Bildung und Spezialisierung, Ungleichheit und Gleichheit, Selbstverwaltung und administrative Effizienz, Autonomie und Durchgriffssteuerung. Dieses Alles-Können verdient den Begriff der Exzellenz – und den der Lebenslüge.

## Anmerkungen

**Jenseits der Fassade.** Die deutsche Bachelor-/Master-Reform

1 Vgl. Wolfgang Eßbach, ›Der Krieg gegen die Intelligenz – oder: Warum für eine Verschlechterung des Studiums Studiengebühren nötig sind‹, in: *Komitee für Grundrechte und Demokratie*. Jahrbuch 2004/2005, S. 37–52.

2 Wolfgang Eßbach, ›Die Universität als institutionelle Fiktion. Zugang und Mitbestimmung‹, in: *Kunst, Macht und Institution. Festschrift für Karl-Siegbert Rehberg*, hg. v. Joachim Fischer und Hans Joas, Frankfurt a.M./New York 2003, S. 402–418.

3 Klaus Schnitzer/Wolfgang Isserstedt/Elke Middendorff, *Die wirtschaftliche und soziale Lage der Studierenden in der Bundesrepublik Deutschland 2000. 16. Sozialerhebung des deutschen Studentenwerks*, Bonn 2001, S. 9.

4 Bundesministerium für Bildung und Forschung, *Studiensituation und studentische Orientierungen. 10. Studiensurvey an Universitäten und Fachhochschulen*, Bonn/Berlin 2008, S. 2.

5 Autorengruppe Bildungsberichterstattung im Auftrag von KMK und BMBF, *Bildung in Deutschland 2008*, Bielefeld 2008, S. 119f.

**Die Wirklichkeit der Humboldt-Rhetorik**
oder **Was soll aus den Studenten werden?**

1 Ausführlicher dazu: André Kieserling, ›Bildung durch Wissenschaftskritik‹, in: ders., *Selbstbeschreibung und Fremdbeschreibung: Beiträge zur Soziologie soziologischen Wissens*, Frankfurt a.M. 2004, S. 244–291.

2 Siehe dazu: Niklas Luhmann/Karl Eberhard Schorr, *Reflexionsprobleme im Erziehungssystem*. 3. Auflage, Frankfurt a.M. 1988, S. 63–84.

3 Bei den Lehrbüchern, geschrieben von jungen Kollegen mit wissenschaftlich ungesicherter Reputation, triumphiert umgekehrt die Forschung auf Kosten der Lehre. Vor allem wenn es um Theorien geht, sind solche Lehrbücher insgeheim an die Kollegen adressiert, also an den studentischen Lesern vorbeiformuliert und darum häufig kaum weniger unzugänglich als die Texte des Theoretikers.

4 Christian Hilgert, *Die Differenz von Forschung und Lehre*, MS Bielefeld 2008.

**Autonomie der Universitäten in Europa und Nordamerika: Historische und systematische Überlegungen**

1 Vgl. Rudolf Stichweh, *Der frühmoderne Staat und die europäische Universität. Zur Interaktion von Politik und Erziehungssystem im Prozeß ihrer Ausdifferenzierung (16.–18. Jahrhundert)*, Frankfurt a.M.: Suhrkamp, 1991.

2 Im Bereich der Weiterbildung und Erwachsenenbildung scheint sich im Unterschied zu den grundständigen Studiengängen der Universität die profitorientierte Organisationsform durchzusetzen. Die mit Abstand größte profitorientierte Universität der USA – die University of Phoenix (Arizona) – ist fast nur in diesem Bereich der ›Adult Education‹ tätig. Die Qualität ihrer Ausbildung scheint umstritten zu sein. Im Übrigen tendieren auch die ›normalen‹ Universitäten dazu, im Weiterbildungsbereich Gewinne zu erwirtschaften.

3 Siehe zu dieser Trias von Globalität, Universalität und Inklusion: Rudolf Stichweh, ›Genese des globalen Wissenschaftssystems‹, in: *Soziale Systeme* 9 (2003), Nr. 1, S. 3–26.

4 Siehe zusammenfassend: Rudolf Stichweh, *Zur Entstehung des modernen Systems wissenschaftlicher Disziplinen. Physik in Deutschland 1740–1890*, Frankfurt a.M.: Suhrkamp, 1984.

5 Niklas Luhmann, ›Machtkreislauf und Recht in Demokratien‹, in: *Zeitschrift für Rechtssoziologie* 2 (1981), S. 158–167, hier zitiert nach dem Wiederabdruck in: Niklas Luhmann, *Soziologische Aufklärung 4*, Opladen: Westdeutscher Verlag, 1987, S. 142–151, hier S. 150.

6 Talcott Parsons/Gerald M. Platt, ›Considerations on the American Academic System‹, in: *Minerva* 6 (1967), S. 497–523; Talcott Parsons/Gerald M. Platt, *The American University*, Cambridge/Mass.: Harvard University Press, 1974.

7 Carl Heinrich Becker, ›Probleme der Wissenschaftspflege‹, in: Bernhard Harms (Hg.), *Recht und Staat im neuen Deutschland*, Bd. 1, Berlin: Hobbing, 1929, S. 437–462, hier S. 444.

8 Siehe Jerome Karabel, *The Chosen. The Hidden History of Admission and Exclusion at Harvard, Yale and Princeton*, Boston/New York: Houghton Mifflin, 2006, S. 543.

9 In katholischen Universitäten oder katholisch-theologischen Fakultäten ist diese Struktur auch heute noch gültig und als Doppelstruktur formuliert: die Vertretung der Fakultät gegenüber dem Heiligen Stuhl und zugleich die Vertretung des Heiligen Stuhls in der Fakultät erfolgt durch den ›Magnus Cancellarius‹ (John Paul II, ›Apostolic Constitution »Sapientia Christiana« of the Supreme Pontiff Pope John Paul II on Ecclesiastical Universities and Faculties‹, 1979, Artikel 12, http://www.vatican.va/holy_father/john_paul_ii/apost_constitutions/documents/hf_jp-ii_apc_15041979_sapientia-christiana_en.html.

10 Eindrucksvoll dokumentiert in: Emil F. Rössler, *Die Gründung der Universität Göttingen. Entwürfe, Berichte und Briefe der Zeitgenossen*, Göttingen: Vandenhoeck & Ruprecht, 1855.

11 Siehe oben die Formulierung Carl Heinrich Beckers, der Professorenschaft sei die Abhängigkeit vom (preußischen) Staat die liebste, weil sie wisse, dass dort »mit der Finanzierung keine Nebenzwecke verbunden« seien.

12 Siehe zu Visitationsrechten: William Blackstone, *Commentaries on the Laws of England*, 5. Aufl., Bd. 1, Oxford 1773, S. 482–484.

13 Manchmal auch bezeichnet als *Board of Trustees, Board of Regents* oder *Board of Visitors*.

14 Hierzu und zum Folgenden ist sehr interessant die Broschüre mit der derzeit geltenden Selbstbeschreibung: Association of Governing Boards of Universities and Colleges, ›AGB Statement on Board Accountability‹, 17.1.2007, http://www.agb.org/user-assets/documents/AccountabilityStatementFinalForWeb.pdf.

15 Ebd., S. 3. In genau dieser Leistung der Zusammenfassung und generalisierten Vertretung heterogener Interessen sieht James Coleman die soziale Funktion von ›trusteeship‹ – James S. Coleman, *Foundations of Social Theory*, Cambridge, Mass.: Harvard University Press, 1990, S. 195–196.

***Brain-Drain* und *Brain-Gain*.** Wie Deutschland seine Chancen als Land der Wissenschaft verpasst

1 Maureen Dowd, ›After W., Le Deluge‹, in: *The New York Times*, 18.10.2008.

2 Peter A. Lawrence, ›Retiring Retirement‹, in: *Nature* 453 (29.5.2008), S. 588–590, http://www.mrc-lmb.cam.ac.uk/PAL/NewFiles/PAListFrames.html.

**Kein Grundrecht auf Exzellenzschutz**

1 Die differenzierte Kommentierung zur Wissenschaftsfreiheit des Grundgesetzes bietet Michael Fehling, in: *Bonner Kommentar*, Art. 5 Abs. 3 (110. Lfg., März 2004). Die erwähnten Gerichtsurteile sind BVerfGE 111, 333 und BayVerfGH, BayVbl. 2008, 592.

**Das *Peer Review-System* auf dem ökonomischen Prüfstand**

1 Arthur G. Bedeian, ›The Manuscript Review Process: The Proper Roles of Authors, Referees and Editors‹, in: *Journal of Management Inquiry* 12 (2003), Nr. 4, S. 331–338; Arthur G. Bedeian, ›Peer Review and the Social Construction of Knowledge in the Management Discipline‹, in: *Academy of Management Learning and Education* 3 (2004), Nr. 2, S. 198–216.

2 M. V. Simkin/V. P. Roychowdhury, ›Copied Citations Create Renowned Papers?‹, in: *Annals of Improbable Research* 11 (2005), Nr. 1, S. 24–27.

3 Robert Adler/John Ewing/Peter Taylor (Joint Committee on Quantitative Assessment of Research), *Citation Statistics. A Report from the International Mathematical Union (IMU) in cooperation with the International Council of Industrial and Applied Mathematics (ICIAM) and the Institute of Mathematical Statistics (IMS)*, Juni 2008.

4 Heinrich W. Ursprung/Markus Zimmer, ›Who Is the »Platz-Hirsch« of the German Economics Profession? A Citation Analysis‹, in: *Jahrbücher für Nationalökonomie und Statistik* 227 (2006), Nr. 2, S. 187–202.

5 Dennis A. Gioia/Kevin G. Corley, ›Being Good versus Looking Good: Business School Rankings and the Circean Transformation from Substance to Image‹, in: *Academy of Management Learning and Education* 1 (2002), Nr. 1, S. 107–120.

6 Frederic S. Lee, ›The Research Assessment Exercise, the state and the dominance of mainstream economics in British universities‹, in: *Cambridge Journal of Economics* (2007), S. 309–325.

## Zu den Autoren

**Wolfgang Eßbach**, geboren 1944 im Vogtland, studierte Germanistik, Geschichte, Philosophie und Pädagogik und später Soziologie in Freiburg und Göttingen, wo er auch lehrte. Seit 1987 ist er Professor für Soziologie an der Universität Freiburg.

**Bruno S. Frey**, geboren 1941 in Basel, studierte an der Philosophisch-Historischen Fakultät der Universität Basel und lehrte in Konstanz. Seit 1977 ist er Professor für Wirtschaftswissenschaften in Zürich. Er ist Ehrendoktor der Universitäten St. Gallen und Göteborg. Er war Fellow am Wissenschaftskolleg zu Berlin.

**André Kieserling**, geboren 1962 in Dortmund, studierte Philosophie und Soziologie in Frankfurt am Main und in Bielefeld und lehrte in Mainz. Seit 2006 ist er Professor für Allgemeine Soziologie an der Universität Bielefeld.

**Axel Meyer**, geboren 1960 in Mölln, ist Professor für Evolutionsbiologie an der Universität Konstanz. Er studierte in Marburg, Kiel, Miami, Berkeley und Harvard und lehrte in Berkeley, Harvard und New York. Er hatte Gastprofessuren in Stanford, am Joint Genome Institute in Walnut Creek in Kalifornien und Ottawa inne. Er erhielt zahlreiche wissenschaftliche Auszeichnungen, darunter 2000 den Akademiepreis der Berlin-Brandenburgischen Akademie der Wissenschaften. Seit 2005 schreibt er wöchentlich die Kolumne »Quantensprung« im Handelsblatt.

**Christoph Möllers**, geboren 1969 in Bochum, hat an der Universität Göttingen den Lehrstuhl für Staatsrecht und Verfassungstheorie inne. Er studierte Rechtswissenschaften, Philosophie und Komparatistik in Tübingen, München, Berlin, Madrid und Chicago, forschte in Dresden, Heidelberg und New York, lehrte in Hamburg und Münster. 2006/2007 war er Fellow am Wissenschaftskolleg zu Berlin. Er schreibt regelmäßig für das Feuilleton der Frankfurter Allgemeinen Zeitung über aktuelle Rechtsfragen.

**Margit Osterloh**, geboren 1943 in Brandenburg/Havel, studierte Wirtschaftsingenieurwesen in Berlin und Erlangen, forschte in Canberra und Budapest und lehrte in Lüneburg, Wien und Zürich, wo sie seit 1991 Professorin für Betriebswirtschaftslehre ist. Seit 2005 ist sie Mitglied des Deutschen Wissenschaftsrates. Sie ist Ehrendoktorin der Leuphana Universität Lüneburg.

**Ulrich Schollwöck**, geboren 1967 in München, ist Professor für theoretische Physik an der Ludwig-Maximilians-Universität München. Nach dem Studium in München, Oxford und Paris lehrte er in München, Wuppertal, Innsbruck, Nizza und Aachen. Er hat zahlreiche Auszeichnungen erhalten, war Gründungsmitglied der Jungen Akademie und ist 2009/2010 Fellow am Wissenschaftskolleg zu Berlin.

**Rudolf Stichweh**, geboren 1951 in Lemgo, studierte Soziologie und Philosophie in Berlin und Bielefeld. Er forschte in Köln, Paris und Frankfurt am Main und lehrte in Bielefeld, Paris und Wien. Seit 2003 ist er Professor für Soziologische Theorie und Allgemeine Soziologie an der Universität Luzern, wo er seit 2006 als Rektor amtiert. 2005/2006 war er Fellow am Wissenschaftskolleg zu Berlin.

**Der Herausgeber:**

**Jürgen Kaube**, geboren 1962 in Worms. Studium der Wirtschaftswissenschaften, Philosophie, Germanistik und Kunstgeschichte. Danach Assistenz am Lehrstuhl für Allgemeine Soziologie der Universität Bielefeld. Seit 1999 Redakteur im Feuilleton der »Frankfurter Allgemeinen Zeitung«, zuständig für Bildungs- und Wissenschaftspolitik, und seit 2008 Leiter des Ressorts »Geisteswissenschaften«. Lehrbeauftragter für Soziologie der Universität Luzern und Mitglied des Hochschulrates der Westfälischen Wilhelms-Universität Münster.